Guitar Heritage Series

JULIO S. SAGRERAS

LAS LECCIONES DE GUITARRA
GUITAR LESSONS

Libros 1 - 3 · Books 1 - 3

Exclusively distributed in North America by:
Mel Bay Publications Inc., Pacific, Missouri 63069

Catalogue No. MB96580
ISBN 0-7866-2723-9

Exclusively distributed outside North America by:
Chanterelle Verlag, Postfach 103909, D-69029 Heidelberg
Catalogue No. ECH 881
ISMN M-2047-0007-3

1 2 3 4 5 6 7 8 9 0

Chanterelle®

JULIO S. SAGRERAS
LAS LECCIONES DE GUITARRA · LESSONS FOR GUITAR

Prológo de la Editorial · Publisher's Foreword

Nos es muy grato presentarles uno de los métodos para guitarra clásica más reconocidos de todos los tiempos. Varias generaciones de guitarristas en el mundo entero han aprendido a tocar este instrumento con *Las Lecciones de Guitarra* de Julio S. Sagreras.

Las Primeras Lecciones de Guitarra, uno de los más significativos métodos instrumentales no europeos, fueron publicadas por primera vez en Buenos Aires en 1922 por Romero y Fernández, el mismo año que se publicó la *Técnica superior* del mismo autor.

A principios de los años 30, la editorial Ricordi Americana de Buenos Aires publicó la *Técnica superior* en planchas nuevas así como una edición ampliada de *Las Primeras Lecciones*. Hacia 1934 se publicaron cinco tomos más para obtener la serie completa de seis. Su éxito fue tal que las nuevas impresiones se contaban por docenas.

Nos parece oportuno volver a editar de forma completa *Las Lecciones de Guitarra* así como la *Técnica superior* en una edición multilingüe en dos tomos haciendo gala de las ultimas técnicas de impresión. El texto original en español ha permanecido intacto y hemos respetado su estilo. Las partituras no han sido revisadas salvo la corrección de algunos pequeños errores obvios y la eliminación de determinadas digitaciones repetitivas. Para mayor claridad hemos indicado la ceja con C (seguida de un número romano en lugar de un número árabe). Asimismo queremos aclarar que la ₵, presentada por primera vez en esta edición, significa en este caso ceja que cubre tres o menos cuerdas.

Creemos que *Las Lecciones de Guitarra* de Julio S. Sagreras seguirán vigentes como método ameno y eficaz para la enseñanza de la guitarra también en los años venideros.

Guitar Heritage Inc.,

Welcome to one of the most successful classical guitar methods of all time. Several generations of guitarists all over the world have learnt their instrument using Julio S. Sagreras' *Guitar Lessons*.

One of the first significant non-European instrumental methods *The First Lessons for Guitar* was first published by Romero and Fernández, Buenos Aires in 1922, the same year in which the author's *Técnica superior*, a technical handbook, was published.

By the early 1930's Ricordi Americana in Buenos Aires republished the *Técnica superior* on new plates as well as a new expanded edition of the *First Lessons*. By 1934 five further volumes were published to complete the presently known six volume set. A testimony to the popularity of the series are the dozens of reprintings.

The publishers of the present edition consider it appropriate now to re-issue the complete *Lessons for Guitar* and the *Advanced Technique* in a new two-volume multi-language edition produced to modern graphical standards. The Spanish text remains in its original form, and the music unamended save for the correction of a small number of obvious errors and reduction in the amount of fingering. For clarity we have used the sign C (followed by a Roman numeral instead of an Arabic numeral) to indicate a full barré. Newly introduced is ₵ meaning a barré covering three strings or fewer.

It is our contention that Julio Sagreras' *Guitar Lessons* will remain in currency as an effective and enjoyable guitar teaching method for many years to come.

Guitar Heritage Inc.,

Agradecimientos · Acknowledgements

The publishers are grateful to the following for making this publication possible

Michel Savary - Controlling editor and French texts
Stuart McGowan - Computer music-engraving, musical terms
Silvia Henao - Revision of Spanish texts
Regina Kunst Harding - German texts
Michael Macmeeken, Jaime Guiscafré - English texts
Marie - Madeleine Doherty, Susana Simon Gilles - Proof reading
Matanya Ophee, Melanie Plesch, Robert Spencer - Consultancy and loan of editions
Eva Maria Brandstädter - Cover design

JULIO S. SAGRERAS

LAS PRIMERAS LECCIONES DE GUITARRA

FIRST GUITAR LESSONS

Obra de enseñanza perfecta y minuciosamente digitada para el estudio de la Guitarra

A perfected Teaching Method fully fingered for studying the guitar

PROLOGO · FOREWORD

A Los Maestros

Después de una práctica de treinta años en la enseñanza de la guitarra, en la que he tropezado más de una vez con la dificultad que entraña para los alumnos noveles el uso de los métodos existentes, cuyos principios son deficientes y difíciles para muchos, pues no están sus primeros estudios bien colocados en orden de dificultad y exigen un esfuerzo para llegar al conocimiento de la ubicación de las notas, me he decidido a dar a la publicidad este trabajo, hecho hace ya algún tiempo y que he puesto en práctica con todo éxito, con los alumnos que empezaron conmigo, sin saber nada.

No dudo, por lo tanto que el empleo de esta obra, facilitará la tarea a los maestros.

Quizá parecerá que detallo y repito demasiado los principios, pero ello no está demás en algunos casos y puede fácilmente salvarse dando varias lecciones a la vez, y aún (saltándose algunas, si se creen innecesarias), siempre teniendo en cuenta las condiciones intelectuales de cada alumno.

Recomiendo muy especialmente se enseñe al alumno acentuar las notas (sistema Tárrega) es decir que los dedos índice, mayor y anular de la mano derecha, al pulsar las primeras lecciones, deslicen la yema del dedo sobre la cuerda, hiriendo con la uña, que deberá ser corta, y caiga el dedo sobre la cuerda inmediata inferior, modalidad que yo le llamo "acentuar" y designo con el signo ^. En mi obra "Técnica Superior de Guitarra" que debe salir a publicidad al mismo tiempo que la presente, doy mayores detalles al respecto.

Es también conveniente que los maestros hagan estudiar a los alumnos que nada saben, las explicaciones que transcribo más abajo, dedicadas a ellos.

Para Los Alumnos Que Van a Empezar

Lo que deben estudiar teóricamente de memoria

Mano izquierda

índice	=	N° 1
mayor	=	N° 2
anular	=	N° 3
meñique	=	N° 4
El pulgar no se emplea		

Los dedos de dicha mano deben oprimir las cuerdas con la parte extrema o punta, doblando la primer falange en forma de martillo y lo más cerca posible de la división o traste.

Mano derecha

Los dedos de la mano derecha se designan con las letras iniciales del nombre de cada dedo, a saber:

pulgar	=	*p*
índice	=	*i*
mayor	=	*m*
anular	=	*a*

El meñique no se emplea sino en casos absolutamente necesarios, (el autor de esta obra no lo emplea nunca).

El signo ^ significa "acentuar", es decir que el dedo de la mano derecha que hirió la cuerda debe caer en la cuerda inmediata inferior, a cuyo efecto se pulsará la cuerda haciendo deslizar la yema del dedo hacia atrás y atacando con la uña que deberá ser más bien corta.

Los números entre paréntesis o dentro de un circulito significan la cuerda; de manera que un tres entre paréntesis (3) quiere decir tercera cuerda, un cuatro (4) en esas condiciones, cuarta cuerda etc.

Los números grandes con una "a" significan barra o ceja, así pues un cinco grande con una "a" en esta forma (5ª) significa barra en quinto traste*. Resumiendo se deberá recordar:

1º. Los números, designan los dedos de la mano izquierda.
2º. Los números entre paréntesis o dentro de un circulito, designan las cuerdas.
3º. Los números grandes con una "a" designan barra.*
4º. El signo ^ nota acentuada.
5º. El cero indica cuerda al aire

JULIO S. SAGRERAS
Buenos Aires, Junio de 1922

* Ver prológo de la editorial

For Teachers

During thirty years of teaching the guitar, I have continually encountered difficulties in teaching newcomers with available guitar teaching material whose contents and principals are deficient and too difficult for many pupils. In these methods the preparatory studies are not arranged in the proper order of difficulty and the pupil expends too much effort in learning where to find the notes on the guitar. For these reasons I have now decided to publish this work, which I have had in preparation for some time. I have already put this book into practice with considerable success among my pupils, particularly absolute beginners on the guitar.

Without doubt, guitar teachers who use this book will have their teaching tasks simplified, for the following reasons.

It may appear that this book is crowded with details and repetitions. I believe, however, that some principles cannot be repeated often enough and in the end facilitate understanding. This way it is also easier to give out several lessons at a time, omitting the unnecessary ones, always taking in the pupil's intellectual ability into account.

I particularly recommend that teachers show pupils how to accentuate notes according to the principles of Tárrega. This can already be explained while studying the 1st open string exercise. Here, when using the index, middle, and ring fingers of the right hand, the fingertips are allowed to slide along the string which is plucked with the nail, which should be kept short. After plucking the string the finger continues on to come to rest on the adjacent lower string: this movement is what I call *apoyando*, or rest-stroke and is indicated with the sign ^. In my work *Técnica Superior de la Guitarra*, I present more details on the matter.

It is also suggested that teachers make their new guitar pupils study the explanations below, which are intended for them.

For Beginners

The following should be studied then memorized:

Left Hand
The left hand fingers are indicated by the following numbers

Index	=	1
Middle	=	2
Ring	=	3
Little finger	=	4
The thumb is not used.		

The fingers of the left hand should press the string with the fingertip bending the 1st Falange in the shape of a hammer while keeping it as close as possible to the fret.

Right Hand
The fingers of the right hand are indicated as follows:

Thumb	=	*p*
Index finger	=	*i*
Middle finger	=	*m*
Ring finger	=	*a*

The little finger (pinkie) is not used unless it is absolutely necessary (the author of this work never uses it).

The sign ^ indicates note accentuation, which is to say that the finger of the right hand after plucking the string should fall until it leans on the adjacent lower string; sliding along the fingertip so that the attack is made with the nail, which should be kept fairly short.

Numbers in brackets or inside a small circle indicate a string: eg (3) = 3rd string, (4) = 4th string etc.

The large numbers with an "a" indicate a barré position; eg 5ª, means a barré on the 5th fret*.

To sum up, remember the following:

1) The numbers which indicate the left hand fingers
2) The numbers in brackets or circles that indicate strings
3) The large numbers that indicate a barré *
4) The symbol ^, which indicates an accentuated note
5) The 0 which indicates an open string.

JULIO S. SAGRERAS
Buenos Aires, June 1922

* see Publisher's Foreword

Las Primeras Lecciones de Guitarra
First Lessons for Guitar

Por el maestro Julio S. Sagreras

Hace cerca de veinte años hablando con mi distinguido colega el eximio guitarrista Miguel Llobet al preguntarle qué enseñaba como primera lección a los que no sabían nada, me contestó que hacía tocar las cuerdas al aire repetidas veces, para acostumbrar los dedos a pulsar, aunque el alumno no se diera cuenta (en un principio) las notas que producía: dicha práctica es inmejorable, pues hay que darse cuenta de lo difícil que es esa primera lección, en que se enseña al alumno la buena posición de la guitarra

About twenty years ago I asked my distinguished colleague, the acclaimed guitarist Miguel Llobet, what he would give as a first lesson to pupils starting to play the instrument. He replied that he would make them play repeatedly on open strings, in order to accustom the fingers to pluck correctly, even though to begin with they would not be aware of the notes that they were playing. This cannot be improved upon and we must be aware of the difficulties in this first lesson, in which the pupil is taught the correct way of holding the guitar.

Base 1ª, desde el Do de la 5ª
hasta el Sol de la 3ª

Scale 1, from C on the 5th string
to G on the 3rd String

Hágase presente al alumno que los puntos puestos al lado del número que indica la cuerda, significa que las demás notas que siguen, corresponden a esa misma cuerda.

Make the pupil aware that the dotted lines at the side of the string numbers mean that the notes that follow are also on the same string.

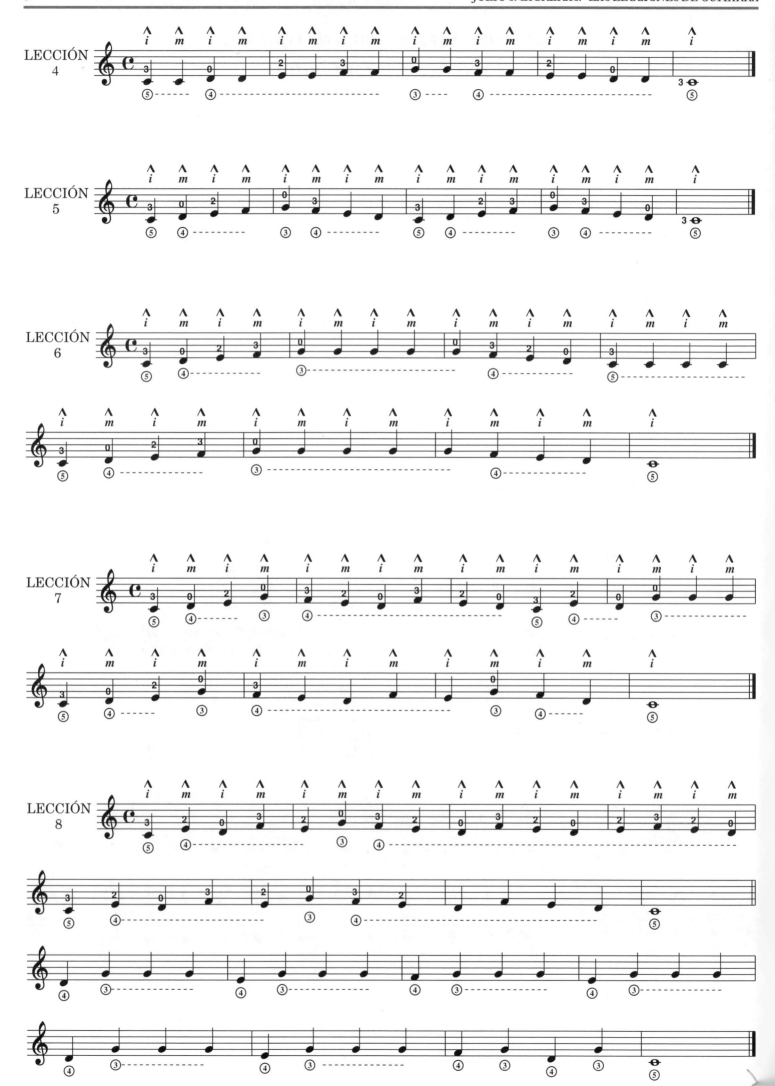

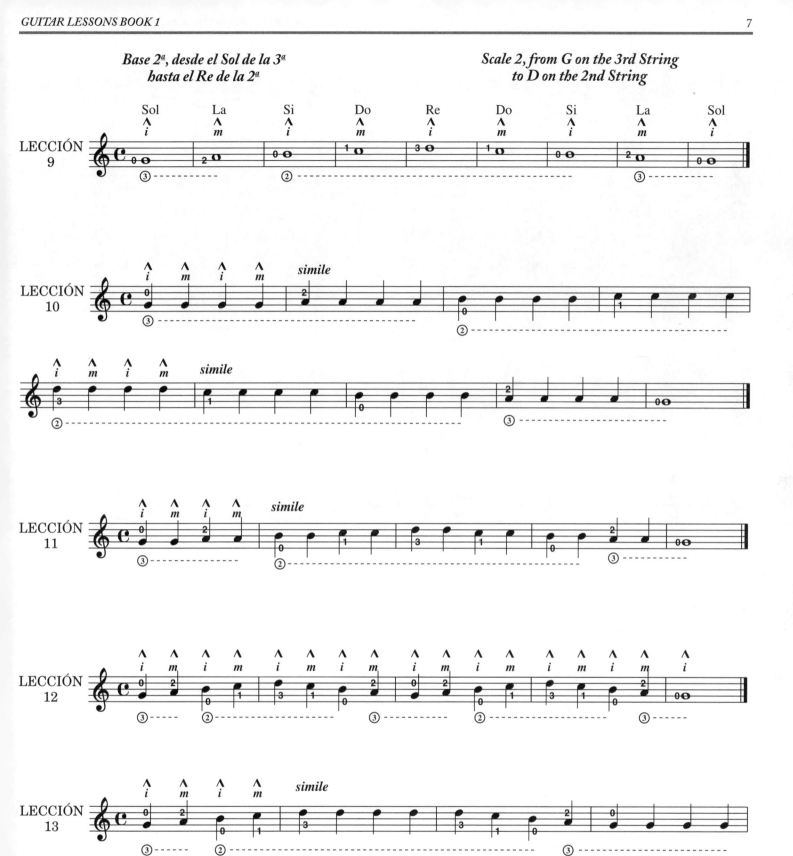

Base 2ª, desde el Sol de la 3ª hasta el Re de la 2ª

Scale 2, from G on the 3rd String to D on the 2nd String

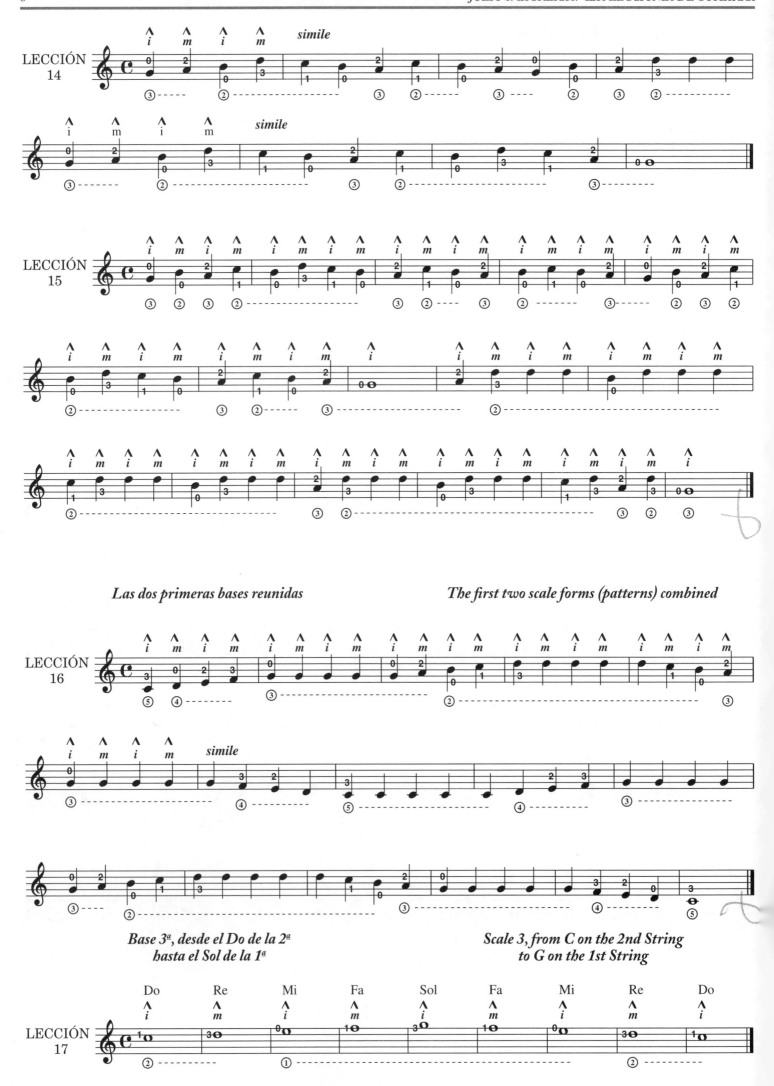

Las dos primeras bases reunidas

The first two scale forms (patterns) combined

Base 3ª, desde el Do de la 2ª hasta el Sol de la 1ª

Scale 3, from C on the 2nd String to G on the 1st String

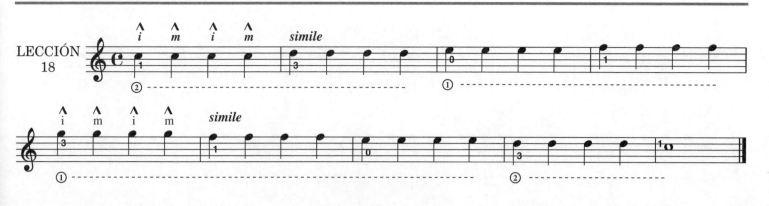

LECCIÓN 18

LECCIÓN 19

LECCIÓN 20

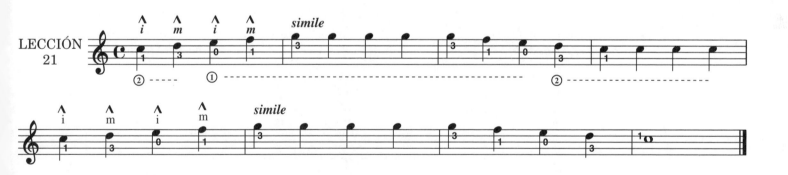

LECCIÓN 21

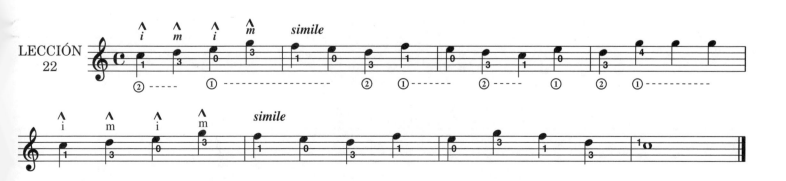

LECCIÓN 22

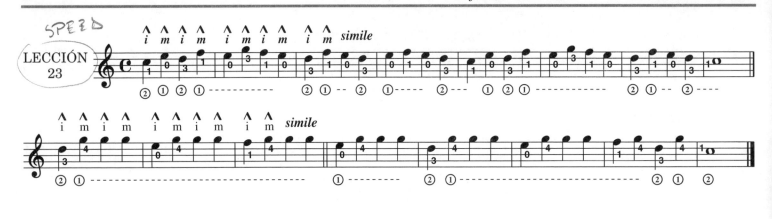

LECCIÓN 23

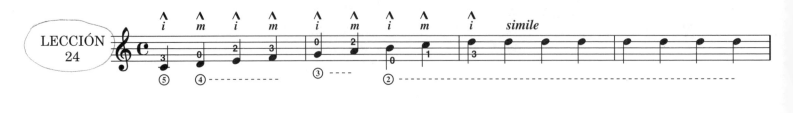

Las tres primeras bases reunidas   **The first three scale forms combined**

LECCIÓN 24

Base 4ª, desde el Sol de la 6ª   **Scale 4, from G on the 6th String**
hasta el Re de la 4ª   **to D on the 4th String**

LECCIÓN 25

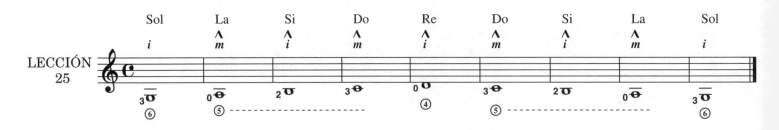

LECCIÓN 26

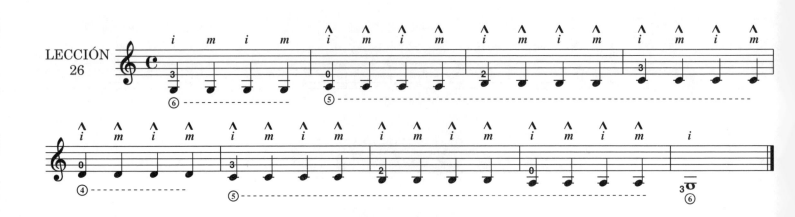

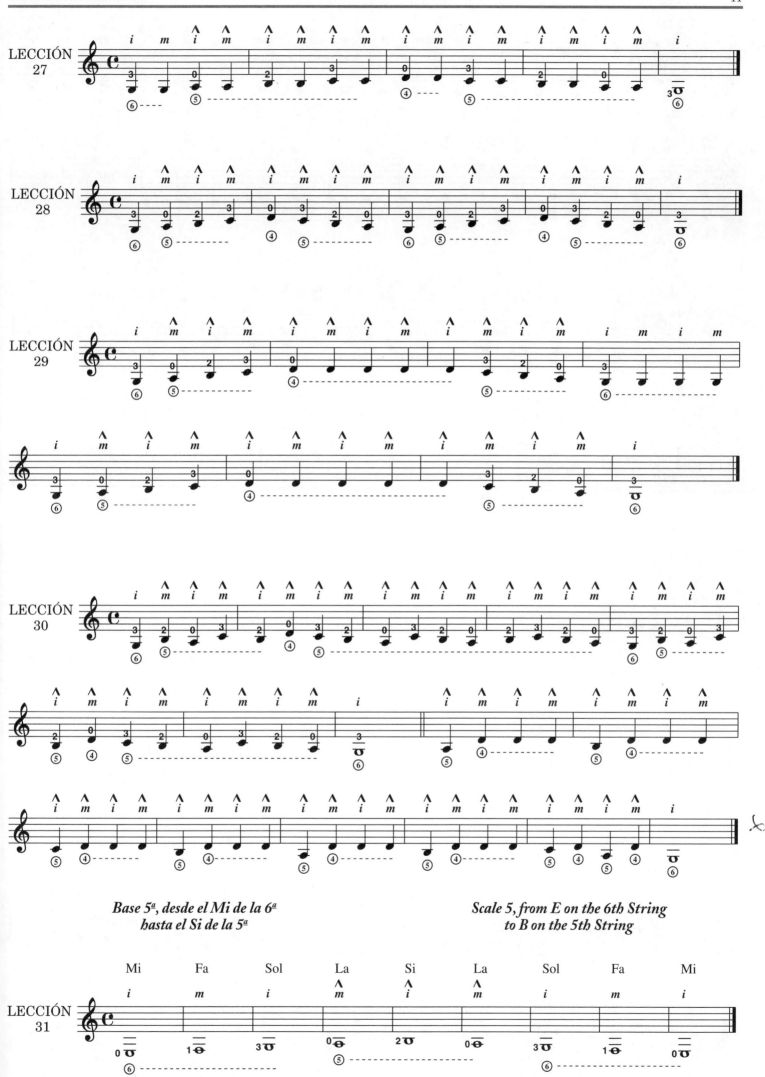

Base 5ª, desde el Mi de la 6ª
hasta el Si de la 5ª

Scale 5, from E on the 6th String
to B on the 5th String

Todas las bases reunidas   All scale forms (patterns) combined

Escala Cromática (2 Octavas)

Nota: En la manera de escribir la escala cromática que va a continuación, el autor no ha querido ser muy estricto en la observancia de las reglas que rigen al respecto para no complicar el estudio al alumno, pues la intención es la de hacerle conocer el efecto del sostenido únicamente.

Chromatic Scale (2 Octaves)

Note: The author did not want to be too strict in observing the rules for writing a chromatic scale in order not to complicate the reading of this lesson for the pupil. The aim of this Study is to make the pupil learn the use of sharps.

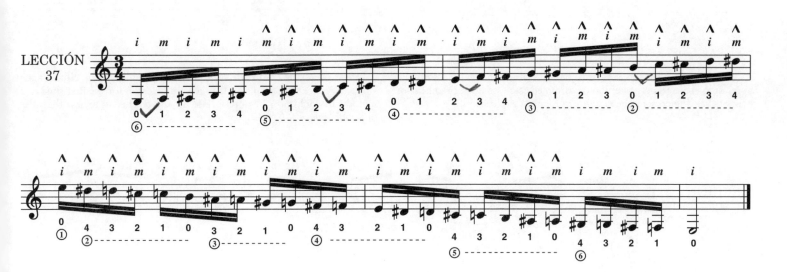

En esta lección interviene por primera vez el pulgar de la mano derecha; con él se debe pulsar el bajo tomando al principio poca cuerda, el dedo algo de costado, en dirección a la 1ª y ligeramente hacia arriba. Sirve también este estudio para aprender las notas en distintas octavas. Expresamente desde esta lección en adelante, se omite poner el nombre de la nota y su ubicación.

In this lesson the right hand thumb is used for the first time. Start playing the bass notes lightly and with a shallow stroke using the side of the thumb across the strings toward the 1st string and upwards away from the guitar [a free-stroke]. This lesson also serves for learning notes in different octaves. From now on the names and positions of the notes are no longer shown.

Esta lección es casi igual a la anterior y es interesante, porque con ella aprenderá el alumno a tocar más adelante simultáneamente el bajo y la nota aguda, acentuando esta última; por ello debe tenerse muy buen cuidado al practicarla, preparando los dedos de la mano derecha antes de hacer cada movimiento y tomando poca cuerda con el dedo pulgar, para que pueda zafar más fácilmente y acentuar bien la nota aguda.

Similar to the previous one this lesson is interesting as the pupil must play bass and treble strings simultaneously, the latter being accentuated. Exercise care while practising this. Position the right hand fingers on the strings before actually plucking. The accentuation emphasizing the high notes is made easier when the thumb touches only a small area of the string and plays loosely.

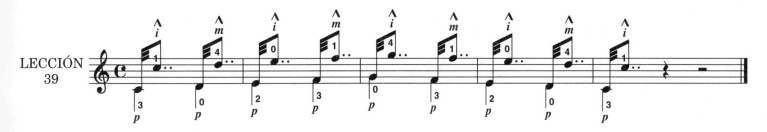

En la lección que va a continuación, intervienen por primera vez tres dedos de la mano derecha en un orden fijo de pulgar, índice y mayor. La mano izquierda preparará íntegra la posición de cada compás, la que no se moverá hasta el compás siguiente. En esta lección no se acentúa ninguna nota.

In the following lesson, three fingers of the right hand (thumb, index and middle finger) are used in a fixed combination for the first time. The left hand fingers take up their positions at the beginning of each bar and do not move until the following bar. Here, no notes are accented.

Esta lección es igual a la anterior, con la pequeña diferencia que los dedos índice y mayor pulsan simultáneamente, haciendo un movimiento hacia la palma de la mano.

This lesson is similar to the previous one with the small difference that the index and middle fingers play the strings simultaneously, making a movement towards the palm of the hand.

Aunque ya en la lección 37ª al estudiar la escala cromática, el alumno ha aprendido el efecto del sostenido (♯); como en este estudio se presenta por primera vez, bueno será que el maestro repita la explicación.

In lesson 37, the chromatic scale Study, the pupil saw the effect of the sharp (♯). Since the sharp sign is used in this lesson for the first time in a melody, it would now be appropriate for the teacher to review the rules of accidentals.

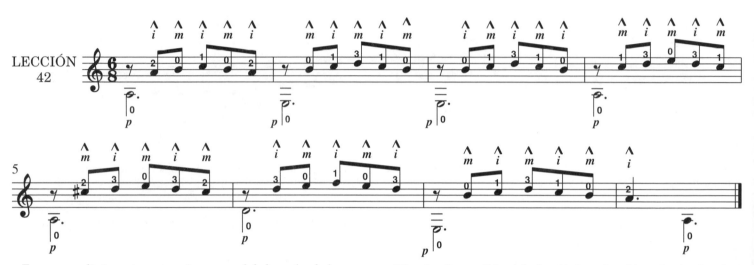

En este estudio interviene por primera vez el dedo anular de la mano derecha, conjuntamente con el pulgar, índice y medio. Deberá ser observada estrictamente la digitación marcada. En cuanto a los dedos de la mano izquierda irán pisando las notas a medida que se necesiten. Sirve también este estudio para aprender las notas en tres distintas octavas.

The ring finger of the right hand is introduced here for the first time, used in combination with the thumb, index and middle fingers. Follow the indicated fingering exactly. The left hand fingers should press down the strings on the fretboard only as necessary. This lesson is also good for learning notes in three different octaves.

Arpegios

En esta lección, se presenta por primera vez el caso de posición fija en la mano izquierda y también como novedad, el caso de que con la mano derecha, se acentúan únicamente las notas que pulsa el dedo anular que son todas las que se tocan en la prima. Desde esta lección exigirá el maestro que el alumno haga bien marcada la diferencia en la aplicación de la fuerza, de manera que se destaque netamente con firmeza pero sin violencia las notas de la prima.

Arpeggios

The technique of the fixed position of the left hand in playing chords is presented in this lesson for the first time. Only the notes which are played by the ring finger on the 1st string are accented. From now on the teacher should insist that the pupil plays more forcefully with the ring finger so that the notes on the 1st string stand out clearly and strongly but are not forced.

Acordes

En esta lección aparecen por primera vez los acordes.

Es preferible que el alumno los toque al principio más bien débilmente, tomando poca cuerda con la punta de los dedos y haciendo el movimiento hacia la palma de la mano.

Chords

Chords appear in this lesson for the first time.

It is preferable that the pupil play them very lightly at first, making fingertip contact with each string and moving the finger towards the palm of the hand.

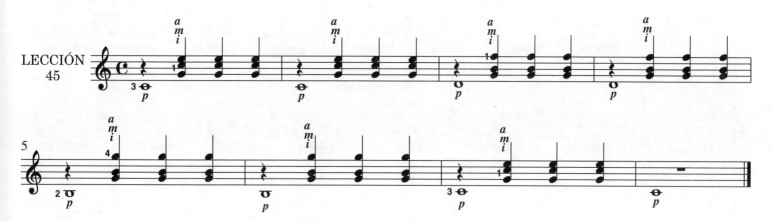

Reproduzco la misma indicación que hice para la lección 44ª, en lo relativo a la fuerza y acentuación de las notas de la 1ª.

Deberá el maestro advertir al alumno que el número 3 puesto sobre cada grupo, indicando tresillo, nada tiene que ver con los números que indican los dedos de la mano izquierda.

Here are the same instructions again as for lesson 44, relevant to force and accentuation used in playing notes on the 1st string.

The teacher should point out that the number 3, placed over each note group indicates triplets, and has nothing to do with left hand fingering.

La misma indicación que para la lección 45ª.

The same instructions as in lesson 45.

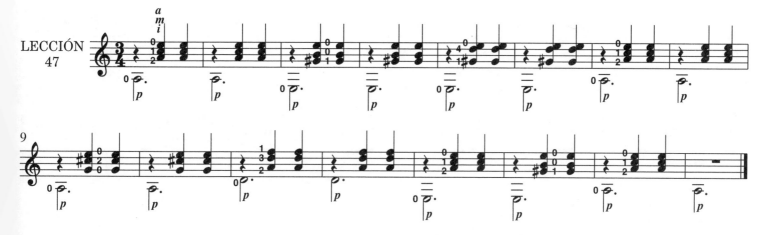

La misma indicación de fuerza y acentuación de los dedos de la mano derecha, recomendada en la lecciones 44ª y 46ª.

The same instructions apply as were recommended in lessons 44 and 46 regarding strength and accentuation in the right hand.

En esta lección se pasa por primera vez a la 2ª posición, pues interviene el "la" del 5º espacio de la 1ª.

Para pasar de la posición del 4º compás a la siguiente, deberá hacerse practicar en esta forma: levantar el dedo del "la" de la 3ª y correr el primer dedo desde el "do" al "do♯" sin levantarlo de la cuerda. Esta modalidad se llama "portamento" y se designa con una raya de unión así ⌐⌐⌐⌐ ó ⌐⌐⌐⌐ .

In this lesson the 2nd position is introduced along with the note A, located at the 5th fret on the 1st string. For shifting from the 4th bar to the next, one should approach the problem in the following way: lift the finger on the A on the 3rd string and then slide the 1st finger from C to C♯ without lifting it from the string. This technique is called a *portamento* and is indicated with either a line or a bracket. [⌐⌐⌐ or ⌐⌐⌐⌐].

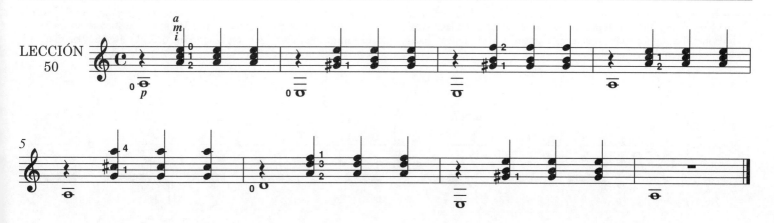

Estos acordes de cuatro notas, deberán pulsarse al principio con poca fuerza, levantando ligeramente la mano derecha en cada uno; los dedos índice, mayor y anular en dirección a la palma de la mano y el pulgar hasta unirse al índice.

These four-note chords should not be played too strongly, the right hand is lifted lightly for each one. The movement of the index, middle, and ring fingers is towards of the palm of the hand, and the thumb plucks in the direction of the index finger.

Se presenta por primera vez el caso de tener que pulsar simultáneamente el bajo y nota aguda acentuada y, aunque ya el alumno ha aprendido en la lección 39ª la manera de hacerlo, si tiene alguna dificultad, hágasele practicar, arpegiando los dos sonidos, pulsando algo antes, el bajo.

The technique of simultaneously playing the bass together with an accented top string is again encountered here. If difficulty is still encountered with this technique, which is the same as in lesson 39, the pupil may first practise by arpeggiating the two notes, playing the bass note slightly before the upper note.

Las notas de la 1ª más fuertes y acentuadas. En la posición del primer compás, si cuesta mucho al alumno poner el tercer dedo en la 6ª cuerda, podrá poner el segundo, como prefiere casi siempre Aguado. Deberá hacerse presente el sostenido en fa de la llave.

Play the notes on the 1st string stronger and apoyando. In the 1st bar, if the pupil has difficulty placing the 3rd finger on the 6th string he can substitute the 2nd finger, as Aguado liked to do. Remember that F♯ is always present in the key of G.

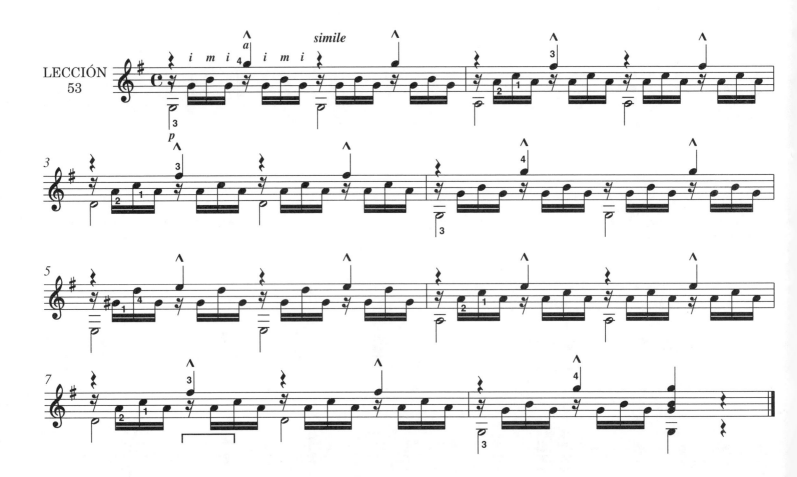

En esta lección se usa por primera vez el Si de la 3ª cuerda. El maestro deberá explicar, que el 4º espacio de la 3ª es la misma nota que la 2ª al aire.

B♭ on the 3rd string is introduced here. The teacher ought to explain that the note at the 4th fret on the 3rd string is at the same pitch as the note on the open 2nd string.

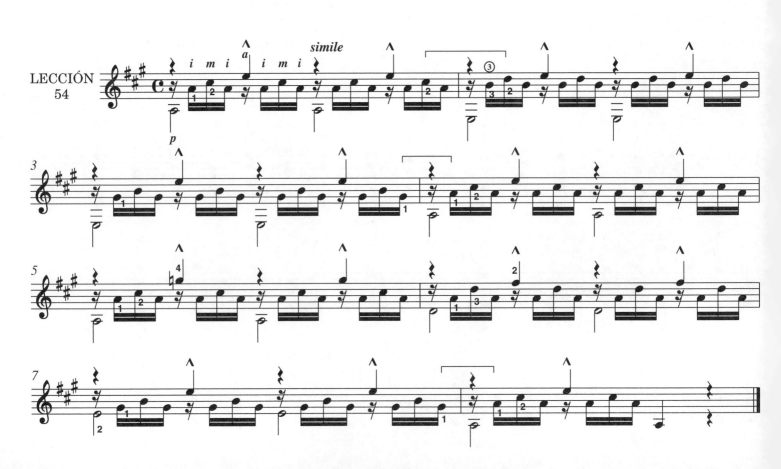

Se presenta por primera vez el bemol (♭). El maestro explicará sus efectos y que el Si de tercera línea del pentagrama, siendo bemol se encuentra en el tercer espacio de la 3ª cuerda en lugar de la 2ª al aire. Se presenta por primera vez el caso de hacer media barra, que se efectúa extendiendo el primer dedo de la mano izquierda hasta la tercera cuerda, aplicándola de plano y oprimiendo las tres cuerdas, 1ª, 2ª y 3ª.

The flat sign (♭) is again found here. The teacher should explain its effect including the key signature for D minor, namely the flat sign found on the 3rd line of the musical stave. This B♭ can be found on the 3rd fret of the 3rd string, not to be confused with the B (a semitone higher) on open 2nd string. The half-barré is also introduced which requires the 1st finger of the left hand to be laid flat on its side to press down only the 1st three strings.

Hay que tener cuidado en la lección siguiente que unas notas son acentuadas (o apoyadas) y otras no lo son.

Note in playing the following lesson, that some notes are played apoyando (with ^) and others not (without ^).

La lección que va a continuación es en realidad algo más fácil que la anterior, pero como el alumno leerá por primera vez en compás de 6/8, le he dado esta colocación.

This lesson is slightly easier to play than the previous one; but as the pupil must read a 6/8 bar for the first time, I believe I have placed this lesson appropriately.

En esta lección no se debe acentuar ninguna nota.

No notes should be played apoyando in this lesson.

El maestro recomendará al alumno en la lección 60 que sigue, pulse muy suavemente el acompañamiento del segundo compás (dos golpes de fa-sol) y que en cambio pulse fuertemente el "re" del canto para que perdure su sonido. El mismo cuidado deberá tener en el cuarto compás y en el 2° y 4° de la segunda parte. Debe darse a esta lección un movimiento muy moderado de vals. Atención a las notas acentuadas.

In lesson 60 the teacher must recommend the pupil to play the accompaniment softly in bar 2 (two strokes of F-G) but on the other hand to play the D in the melody with strength so that its sound sustains. Similarly, care should be paid in bar 4 as well as to the 2nd and 3rd bars in the 2nd part [Bar nos. 10 & 12]. This lesson should be played at a moderate tempo like a waltz. Pay attention to the accentuated notes.

En esta lección 61, se advertirá al alumno que debe evitar los movimientos inútiles de mano izquierda; por ejemplo, al comenzar, el mi de la cuarta cuerda, debe mantenerse firme seis compases, el fa de la misma cuerda, los tres compases subsiguientes, etc.

Debe tenerse cuidado también de la fuerza aplicada con la mano derecha, pues el bajo (que es el que hace el canto), debe ser pulsado más fuerte que el acompañamiento, pudiendo ser acentuado o apoyado y mantenido en todo su valor. El ritmo de esta lección es de vals algo menos moderado que la lección anterior. El pulgar al apoyar las notas bajas, que hacen el canto, debe caer sobre la cuerda inmediata superior.

In lesson 61, the pupil is advised to avoid unnecessary movements of the left hand; for example in bar 1 the E on the 4th string should be held down for six bars, and then the F on the same string for three bars, and so on.

Be careful about how force is applied in the right hand. The melody, which is in the bass, should be played stronger than the accompaniment, and be accentuated to make it sustain for its full duration. The thumb uses the rest-stroke which brings it to rest on the next higher string. The rhythm is that of a waltz, but slightly faster than in the previous lesson.

En la lección que va a continuación, el maestro deberá observar cuidadosamente si el alumno se ajusta estrictamente a la digitación de la mano derecha marcada. El mismo cuidado deberá tenerse en la observancia de las notas acentuadas o apoyadas.

This lesson continues with the techniques presented earlier. The teacher must ensure that the pupil is following the right hand fingering. Pay due attention also to interpreting correctly the accentuated notes or rest-strokes, as indicated.

Las notas del canto que son las agudas, deben ser ejecutadas más fuertes y acentuadas.

The notes on the treble strings should be played apoyando with more force.

[LECCION 66]

En la lección 66 siguiente deberá también el maestro hacer observar al alumno la estricta observancia de la digitación de la mano derecha marcada y las notas acentuadas o apoyadas. Al pasar del compás cuarto al quinto, los dedos 1 y 3 de la mano izquierda que pisan el "do" de la segunda cuerda y el "do" de la quinta, deben correrse sin levantarlos de la cuerda, al espacio inmediato superior o sean los dos "do♯".

[LESSON 66]

In lesson 66, the teacher again should ensure that the pupil follows the right hand fingering strictly as well as the correct accentuation of the notes with the rest-stroke. When shifting from bar 4 to 5, the 1st and 3rd fingers of the left hand that stop the C's on the 2nd and 5th strings should slide up a semitone to both C♯'s without being lifted from the strings.

LECCIÓN 66

LECCIÓN 67

Hay que tener cuidado con el empleo de los dedos de la mano derecha y acentuación de las notas del canto.

Be careful to use the right hand fingers correctly and to accentuate the notes of the melody properly.

El maestro podrá hacer apoyar o no, las notas que pulsa el dedo pulgar, menos el "re" del octavo compás que no debe ser apoyado, pues ya lo está el re de la 2ª cuerda que se ejecuta conjuntamente.

The teacher can decide if the notes plucked by the thumb are to be played rest-stroke or not. However, the D in bar 8 should not be played rest-stroke, since the D on the 2nd string is to played simultaneously.

En este estudio, unas notas del canto son acentuadas y otras no; hay que observar bien la acentuación marcada.

In this Study, some notes in the melody are accentuated while others are not; follow the accent marks closely.

Explicará el maestro al alumno lo que son ligados de valor, es decir, los que existen entre dos notas iguales y sus efectos.

The teacher should explain to the pupil the meaning and effect of the ties that join two notes of the same pitch.

Recomiendo muy especialmente la práctica de esta lección para la mano derecha. Hay que respetar estrictamente la digitación de la misma y la fuerza de las notas acentuadas. Todas las notas "sol" de la 3ª al aire en todo el estudio, deben sonar muy débilmente.

I particularly recommend this Study for the right hand. The right hand fingering must be followed strictly and the correct technique applied to accentuated notes. All notes on the open 3rd string must be played softly.

El maestro explicará al alumno el caso del equísono del compás 11 en donde deben ejecutarse simultáneamente el "mi" de la segunda cuerda y el "mi" de la prima. El maestro hará que el alumno apoye con el pulgar todas las notas señaladas con el signo ^, las que deben sonar mucho más fuerte que las demás, de la lección 73.

The teacher should explain the unison in bar 11 where the E on the 2nd string and the E of the 1st string are played simultaneously.

The teacher should instruct the pupil to use rest-stroke in the thumb for the notes marked with the sign (^). These should sound much louder than the similar ones in lesson 73.

El maestro explicará la manera de ejecutar la última nota de la lección 76 o sea el armónico simple del "re" de la cuarta cuerda. Aconsejo que siempre que sea posible, los armónicos hechos, o mejor dicho pulsados por el dedo pulgar, sean apoyados, debiendo en ese caso caer dicho dedo sobre la cuerda inmediata superior y ejecutando el movimiento con la mano derecha algo más cerca del puente.

The teacher should explain how to play the last note of lesson 76, the natural harmonic D on the 4th string. I advise that natural harmonics be played with the thumb using rest-stroke, coming to rest in this case on to the next higher string and with the right hand held closer to the bridge.

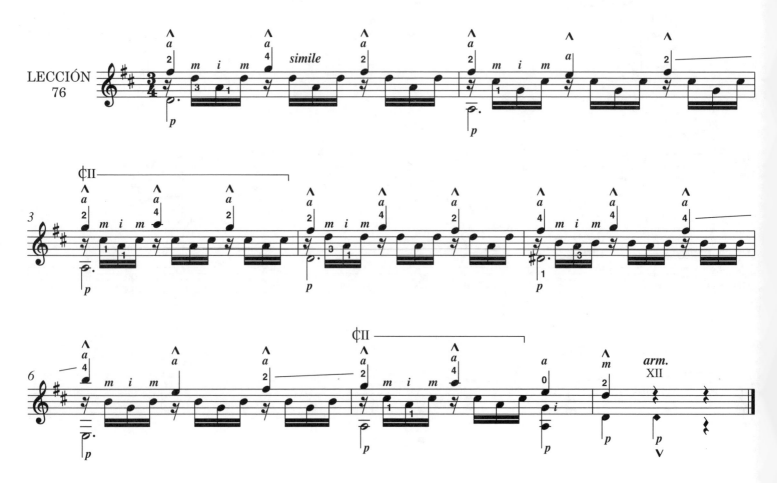

Para lograr una paginación óptima, esta página ha sido dejada en blanco.
To obtain an optimal layout, this page contains no music.

Ligados descendentes

Este estudio es para la práctica de los ligados descendentes. Habrá que tener cuidado en enseñar a preparar las notas del ligado en el 2°, 3° y 5° compás, poniendo los dos dedos del ligado simultáneamente.

Descending Slurs

This Study is for the practice of descending slurs. Carefully show the pupil how to prepare in advance the notes to be slurred in bars 2, 3 and 5, by placing the fingers at the same time on both the notes joined by the slur.

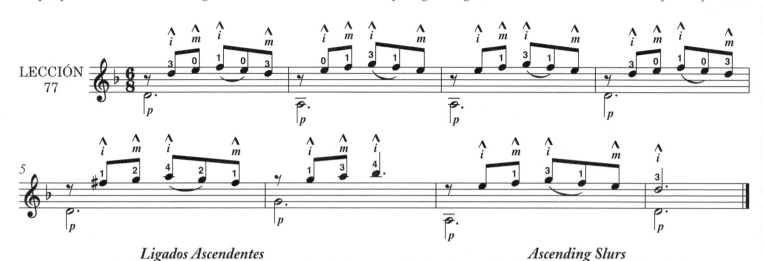

Ligados Ascendentes

Para aprender los ligados ascendentes. - El dedo de la mano izquierda que produce el ligado, debe percutir con firmeza cerca de la división.

Ascending Slurs

For learning ascending slurs - the finger of the left hand which produces the slur by a hammering action, should firmly hammer onto the string close to the fret.

Ligados ascendentes y descendentes

El dedo que pisa la nota inferior debe permanecer bien firme.

Nota: En realidad, en los ligados descendentes, el dedo que debe hacer fuerza, no es el que produce el ligado, sino el que tiene que asegurar la cuerda para que no se corra. Hago esta observación, porque es general el empeño de hacer una fuerza exagerada con aquél en esos casos.

Ascending and descending slurs

In reality, the finger which should use force in executing the descending slur is not the finger which produces the sound, but the one that holds the string down. I make this observation because in these preliminary studies there is a general tendency to use unnecessary force, as well as to use too much effort with the wrong finger.

Ligados con posición fija, algo más difíciles. Hágase preparar previamente la posición básica en cada compás.

Slurs in fixed positions are more difficult; for each bar prepare the basic chord position in advance.

Insisto nuevamente aquí, en recordar que en todos los ligados descendentes, debe tenerse presente que no debe iniciarse el movimiento del ligado sin tener los dos dedos de la mano izquierda perfectamente colocados.

Always remember always that for descending slurs the fingers of the left hand should all be correctly placed on the string before the slurred note is played.

Estudio muy útil para la mano derecha. Los dedos anular, índice y pulgar en su caso, deben pulsar bien simultáneamente.

This Study is very useful for the right hand. Note that the thumb, index and ring fingers play simultaneously.

Acostúmbrese al alumno a interpretar de acuerdo con lo que marca este estudio. El cero indica la cuerda al aire, o sea libre.

Get the pupil used to interpreting the expression signs precisely. The zero stands for an open string.

Escalas Mayores de dos octavas — *Major Scales of two Octaves*

Do mayor / C major

Mi mayor / E major

Fa mayor / F major

Sol mayor / G major

La mayor / A major

Si mayor / B major

Escalas Menores Melódicas de dos Octavas — *Melodic Minor Scales of two Octaves*

Mi menor / E minor

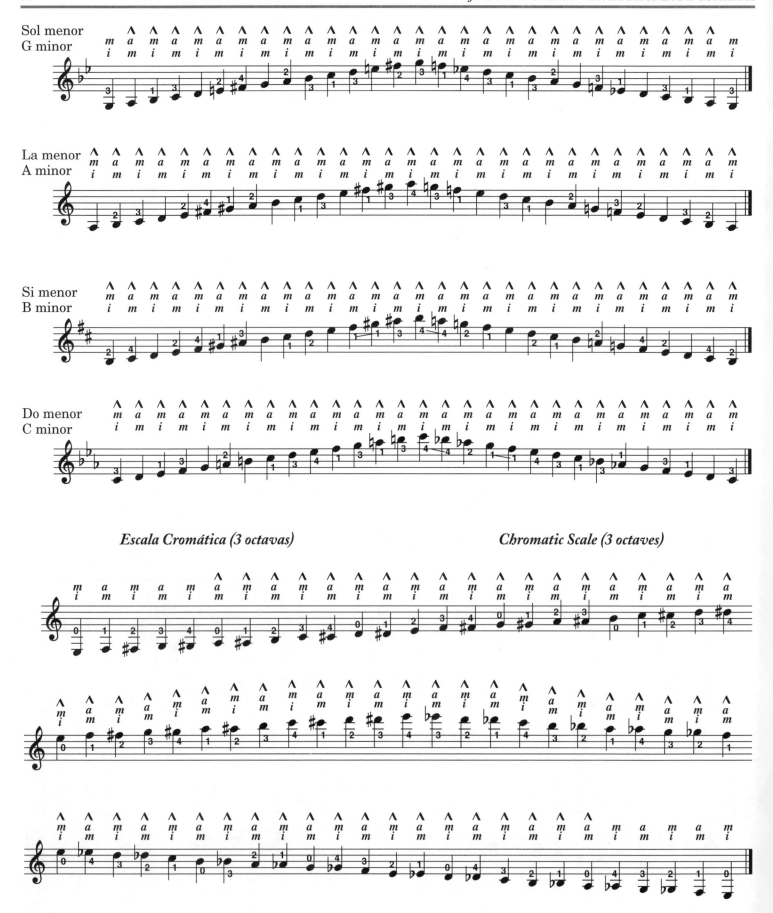

Escala Cromática (3 octavas)   ### Chromatic Scale (3 octaves)

Nota: El autor está perfectamente enterado de las reglas que rigen para la escritura de la escala cromática y si no las ha observado ha sido únicamente porque cree facilitar la lectura a los alumnos, escribiéndola tal cual está.

Note: The author is perfectly aware of the rules dictating the notation of chromatic scales. Here, these have not been strictly observed in order to facilitate the reading of the lesson for the pupil.

Fin de las Primeras Lecciones
End of the First Guitar Lessons

JULIO S. SAGRERAS

LAS SEGUNDAS LECCIONES DE

GUITARRA

SECOND GUITAR LESSONS

Obra de enseñanza perfecta y minuciosamente
digitada para el estudio de la Guitarra
Continuación de las Primeras Lecciones

A perfected Teaching Method
fully fingered for studying the guitar
Continuation of The First Lessons

PROLOGO · FOREWORD

Como fruto de la experiencia de mi larga carrera profesional, (tengo cuarenta y un años de maestro) doy hoy a la publicidad "Las Segundas Lecciones" a las que seguirán inmediatamente "Las Terceras Lecciones", "Las Cuartas Lecciones" y "Las Quintas Lecciones" ya también concluidas y "Las Sextas Lecciones" en preparación.

Creo con ello hacer obra buena, porque facilito la misión de los maestros y me consideraré muy satisfecho si estos nuevos métodos llegan a tener el éxito de "Las Primeras Lecciones".

Es indudable que la guitarra ha adelantado enormemente tanto en su ejecución como en el número de sus adeptos, de treinta años a esta parte.

Yo mismo he tenido que evolucionar respecto a la escuela, lo que hice a raíz de venir por primera vez a este país el insigne Miguel Llobet, hace unos veintitrés años.

En algunas ocasiones vuelve mi imaginación hacia los recuerdos del pasado guitarrístico y recuerdo con cariño mis alumnos de hace treinta o treinta y cinco años, entre ellos muchos profesionales y algunos de mucha valía, debiendo citar en primer término a Antonio Sinópoli, Carlos Pellerano, Rodolfo Amadeo Videla, Victoria Testuri y varios más, de los cuales el primero, es hoy día un profesional de mucha fama y bien merecida.

Pero no obstante el adelanto que se ha operado en la guitarra, los métodos de enseñanza en general no están hoy día de acuerdo, pues aunque existen grandes obras, como Coste, Sor, Aguado y otros, ninguna de ellas está hecha para que el alumno pueda seguir estudiando en forma progresiva, y además, existen en esos métodos y en otros muchos, estudios con modalidades muy anticuadas con respecto a la moderna escuela de Tárrega, de manera, que aun en el caso de compilarlos en orden de dificultad, no llenarían su finalidad, sin ser previamente modernizados.

Ya, vez pasada, hablamos algo al respecto con mi distinguido colega D. Domingo Prat, para hacer en conjunto un trabajo en ese sentido, pero las ocupaciones de ambos impidió que siguieran adelante los proyectos tendientes a ese fin.

Como se podrá apreciar en la simple lectura de "Las Segundas Lecciones", todos sus estudios están digitados con una minuciosidad tal vez exagerada, pero de acuerdo con el refrán de que, "lo que abunda no daña", creo que no se mirará mal esa exageración, máxime, cuando ello economizará palabras al maestro, pues el alumno tendrá mayor facilidad en la lectura de los estudios.

He tratado también de hacer agradable el aprendizaje para los alumnos, haciendo los estudios divertidos en lo posible y de carácter completamente variado, lo que ayudará mucho para que los alumnos tomen más interés en el estudio, y además, para que aprendan a tratar los temas musicales más diversos.

En fin, se me perdonará mi poca modestia, pero creo que la publicación de mis nuevos métodos ayudará a la major difusión del estudio de la guitarra y lo facilitará

JULIO S. SAGRERAS
Buenos Aires, Marzo de 1933

Among the fruits of my long professional career (forty-one years of being a teacher) I now present the public with "The Second Lessons for Guitar" which will immediately be followed by "The Third, Fourth and Fifth Lessons," and the series will be concluded with "The Sixth Lessons" which are presently in preparation.

I believe that these are useful publications since they facilitate the task of guitar teachers. I will be very satisfied if these new books prove as successful as the "First Lessons for Guitar" have done.

Undoubtedly the guitar has advanced enormously not only in the standard of performance but also in number of followers it has gained during the past thirty years.

I also have had to evolve and develop my playing by incorporating more modern techniques. In my case this happened as a result of seeing the eminent Miguel Llobet who first came to this country some twenty-three years ago.

Sometimes my memory takes me back to my past as a guitarist and I remember with affection my pupils of thirty to thirty-five years ago; among them are many professional and talented players for whom I have the highest regard. I must mention Antonio Sinópoli, Carlos Pellerano, Rodolfo Amadeo Videla, Victoria Testuri and various others, but particularly the first of these who has deservedly achieved fame and merit as a professional.

In spite of the advances which have been made on the guitar the teaching methods used today are still not up to standard. Important repertoire by Sor, Coste, Aguado and others is available, but none of these works, however, permit the pupil to study in a progressive manner. Available methods are also outdated with regard to the principles of the modern school of Tárrega; even if they were re-compiled and graded progressively they would not adequately serve their purpose.

Sometime ago I talked to my distinguished colleague D. Domingo Prat, with a view to collaborating on a new method as mentioned above, but our busy schedules impeded us from taking our plans further.

What is evident in the simple studies of "The Second Lessons for the Guitar," is the large amount of detailed fingering. This might be considered a bit exaggerated, but when taking into account the old adage, "too much of a good thing can do no harm," the generous dosage of fingering will not seem so bad particularly as it reduces the number of explanations that the teacher will have to give, and also gives the pupil an easier task in reading these Studies.

I have also tried to make the learning process as agreeable as possible for the pupil, making the Studies enjoyable and varied; this will encourage the pupil to take more interest in the music and to learn diverse musical forms and techniques.

In closing, please pardon my lack of modesty when I say that I believe the publication of my new methods will not only help to spread the study of the guitar, but will also make it easier.

JULIO S. SAGRERAS
Buenos Aires, Marzo de 1933

LAS SEGUNDAS LECCIONES
GUITARRA

Por el Maestro Julio S. Sagreras

Los arrastres que están marcados en este estudio, son para hacer efectivo el correr de los dedos de la mano izquierda sobre las cuerdas y no para que suenen en su recorrido; son más bien, para que el alumno se acostumbre a esa modalidad, que es muy conveniente.

Dicha costumbre trae como resultado, que los movimientos de la mano izquierda sean más parejos y regulares, pues obliga a la mano a marchar en forma paralela al mango; además debe recordarse esta cuestión de lógica si el dedo se levanta, para volver a pisar la cuerda en otro sitio, hay que acertar dos cosas: sitio y cuerda, y si en cambio, se corre, hay que acertar una sola: el sitio.

Hay aún otra razón: para las obras de carácter melódico y suave, resultan más suaves y ligadas sus frases.

The glide markings in this Study indicate when the left hand fingers must slide along the strings without noise or squeaking. It is important for the pupil to acquire this useful technique.

This technique yields better balanced and more even movements in the left hand, since it obliges it to move parallel to the neck of the guitar. The following should be considered: if a finger is lifted, to return to stop the string at another fret two new aspects determine the accuracy of its new position, the fret and the string. On the other hand if the fingers slide along the string only the new fret has to be found. Another reason is that for the interpretation of musical works of a delicate and melodic character finger slides help to attain subtler and more *legato* phrasing.

En este estudio de octavas, puede emplearse también únicamente el pulgar y el índice de la mano derecha, pero es más conveniente la digitación indicada.

In this octave Study, you could use only the thumb and index fingers of the right hand if you wish, but it is easier to use the indicated fingering.

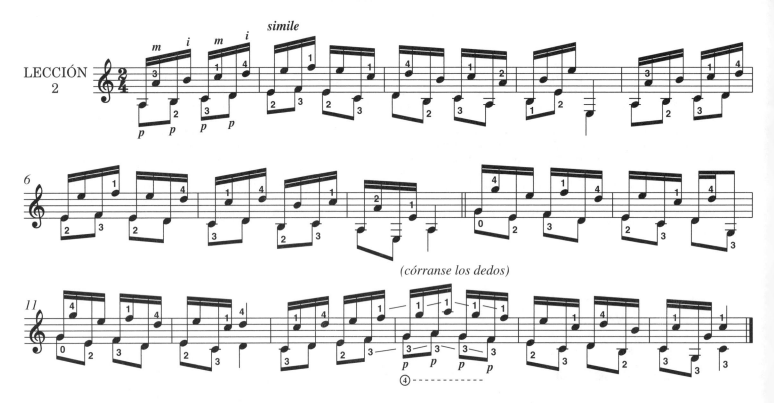

Téngase presente en este estudio, hacer bien efectivas las acentuaciones marcadas y tener cuidado de hacer resaltar el canto, que es todas aquellas notas que tienen palito hacia arriba y en cambio, debe restarse fuerza al acompañamiento que no lleva nota de canto, como por ejemplo el do-mi, último golpe del cuarto compás: los dos golpes do-mi, del octavo compás, etc.

Follow the marked accents carefully and bring out the melody effectively of all those notes with stems up.

Subdue also the sound of the accompanying notes which have nothing to do with the melody; for example C and E on the last beat of bar 4, and the two beats C and E in bar 8 and so on.

Este estudio de terceras es únicamente para pulgar e índice de la mano derecha y debe oírse algo más fuerte la nota pulsada por el dedo pulgar. Córranse los dedos en todos los sitios que hay arrastre.

This Study in 3rds is played with only the thumb and index fingers of the right hand. The notes plucked by the thumb should be louder than those plucked by the index finger. Where indicated (with lines) slide the fingers without lifting them from the strings.

(córranse los dedos en todos los sitios que hay arrastre)

En este estudio, el bajo (que hace el canto) debe sobresalir netamente, a cuyo efecto no solamente se le debe dar más fuerza sino que también debe restarse fuerza al acompañamiento. Córranse los dedos en todos los sitios que hay arrastre.

In this Study the bass (which carries the melody) should be made to stand out clearly. To achieve maximum effect it should be played loudly with the accompaniment softer. Where lines are indicated slide the fingers without lifting them from the strings.

(córranse los dedos en todos los sitios que existan arrastres)

Hay que hacer destacar el canto en forma neta, no solamente dando mayor fuerza al canto cuyas notas van acentuadas con el signo ^, sino restándole fuerza a todas las demás notas.

En el compás Nº 1 de la segunda parte, se presenta un caso de lo que en guitarra se llama "campanella", que resulta del hecho de que una cuerda inferior, produzca un sonido más agudo que la superior, mientras ésta produce el sonido al aire.

The melody must be made to stand out clearly, not only by plucking the melody notes (indicated by ^) more strongly, but also by reducing the strength of the right hand attack on all the other notes.

In bar 17, the technique used in guitar music called *Campanella*, (in imitation of a bell tone) appears. Its characteristic is the sonority produced when a note on a lower string is higher than the next note which is played on a higher open string.

En este estudio, hay que tratar de hacer destacar netamente las notas acentuadas que son las que llevan el signo ^ sobre o debajo de las notas; para que el efecto resalte mejor, es conveniente restarle algo de fuerza a las demás notas que no están acentuadas.

Deben acentuarse pronunciadamente las notas que llevan el signo ^.

In this Study try to make the accented notes (indicated with the sign ^ over or under) stand out clearly; to make the accentuation more effective it is recommended to reduce the volume of the other unaccented notes further so that the accented notes are even more noticeable.

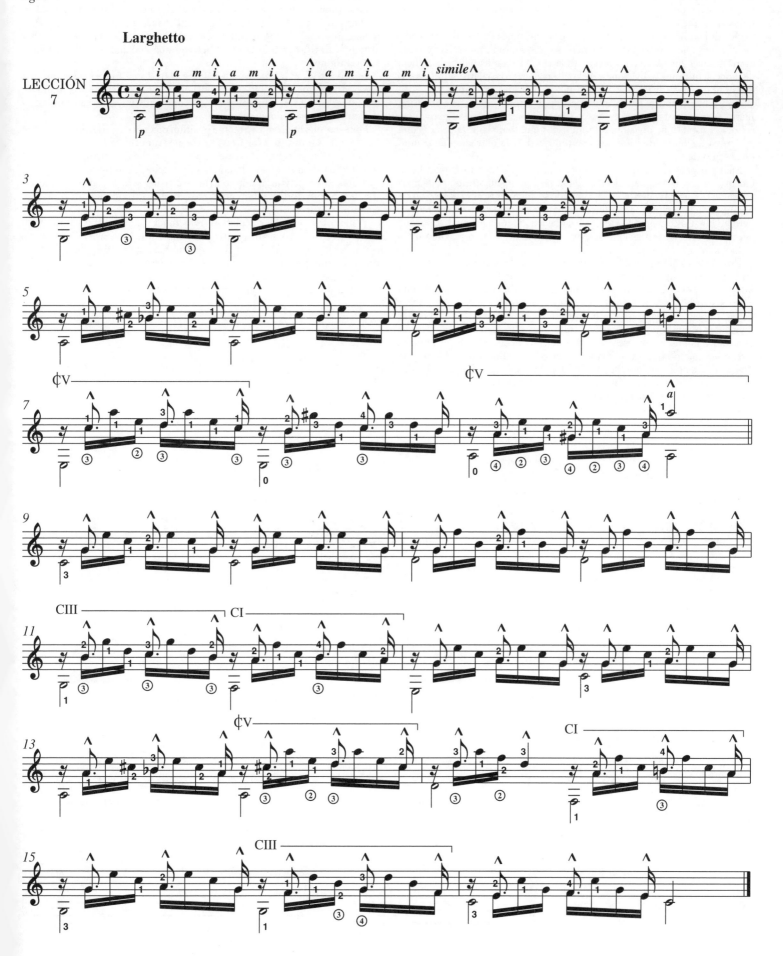

El maestro debe ya desde este estudio melódico, que es muy fácil, empezar a iniciar al alumno en la interpretación delicada de la melodía.

En la segunda parte tendrá que tener también cuidado el maestro en la explicación que deberá dar al alumno, respecto de la síncopa que se inicia en el tercer compás de la segunda parte, y también en recordarle, o mejor dicho, hacerle ver que en esta parte, con excepción del final, el canto lo hace el bajo y por lo tanto debe darse más fuerza a éste, restándoselo a las notas altas que es el acompañamiento.

Una de las preocupaciones del alumno, es hallar en la guitarra la ubicación de las notas que se deben tocar fuera de su sitio natural; sin embargo nada es más fácil. Téngase en cuenta esto: de la 1ª a la 2ª cuerda hay la diferencia de cinco semitonos o divisiones; de la 2ª a la 3ª cuerda, cuatro semitonos o divisiones y cinco divisiones o semitonos entre todas las demás.

Ahora bien, para hallar la ubicación de una nota que debe ser tocada fuera de su sitio natural, si es de la prima a la segunda, se suman cinco, sobre la cantidad de divisiones o semitonos que tiene la nota de la prima y la suma de ambas divisiones o semitonos y dará la ubicación de la nota en la segunda.

Ejemplo práctico: el de la 1ª cuerda está en "quinto" traste; pues bien: cinco y cinco, diez; quiere decir que esa nota se encuentra en el décimo traste de la segunda cuerda. Ahora cuando se quiere buscar la ubicación de una nota de la segunda, en la tercera cuerda, se hace la misma operación, pero en lugar de agregarle cinco, se le agrega nada más que cuatro, porque esa es la diferencia de divisiones o semitonos, entre esas cuerdas como antes se ha dicho.

Como lógica consecuencia, cuando una nota de la prima quiere buscarse en la tercera, al número de divisiones de la nota de la prima, se le agrega nueve, que es la suma de divisiones o semitonos de la prima a la segunda y de la segunda a la tercera. En cambio, cuando una nota de la tercera quiere buscarse en la quinta se le agregan diez, porque es la suma de las divisiones o semitonos que existen entre estas dos cuerdas. Para facilitar aun más esta busca, téngase presente, que en la octava alta de las notas al aire, o sea cuando termina el mango de la guitarra uniéndose a los aros, la división es la número doce, de manera que si yo por ejemplo quiero buscar el fa♯ de la prima, segundo traste, en la tercera, sumo dos, más nueve, once; voy directamente a la octava alta de la 3ª al aire y retrocedo una división, o sea traste Nº 11.

With this simple melodic Study, and from now on, the teacher can begin to initiate the pupil in the art of subtle interpretation of melodic lines.

He must be careful how he explains the syncopation in bar 19. He should also point out that in the 2nd part of this Study, with the exception of the last two bars, the melody that the bass plays needs to be played louder that the chordal accompaniment.

One problem for the pupil is to find the notes which are played in higher positions. Note that the interval between the 1st and 2nd strings is 5 semitones. This is also the case for the intervals between all other strings with the exception of that between the 2nd and 3rd strings which is 4 semitones.

In order to find a note which is to be played in a higher position on a lower string, one must add together the fret number where it is found on the upper string to the number of semitones, or frets, between this string and the next string down.

For example, in order to find the position of a note on the 2nd string one has to add 5 semitones (or frets) to the position (or fret) where it would be on the 1st string. In the case of a note on the 3rd string, calculate 4 frets higher than if it had been on the 2nd string. Add these two together (9 frets) when playing a note on the 3rd string which can be played on the 1st. Similarly the difference between the 3rd and 5th strings is 10 semitones or frets.

When making these calculations remember that the octave is the 12th fret, where the neck of the guitar joins the body. It is easier therefore to count backwards from 12 for the larger numbers; for example to look on the 3rd string for the same F♯ which is to be found at the 2nd fret of the 1st string, we must add 2 + 5 + 4 = 11, which is one fret less than 12, ie the 11th fret on the 3rd string, or one fret lower than the octave.

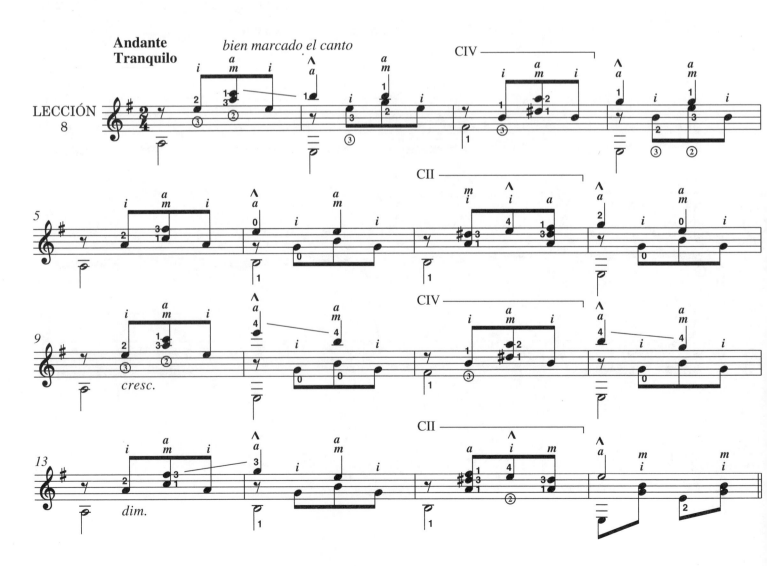

(Córranse los dedos en todos los sitios que existen arrastres.)   (Slide the fingers in all places where lines appear.)

Tiempo de Barcarola

Hay que poner atención en las notas acentuadas y en el empleo exacto de los dedos de la mano derecha que están marcados.

Pay close attention to the accented notes and follow exactly the indicated right hand fingering.

Tiempo de vals

Este estudio, es una especie de canción-barcarola de carácter suave y delicado y de acuerdo con ello deberá tratarlo el alumno.

En el primer compás, el golpe la-do♯ deberá ser tocado un poco más fuerte para que el sonido perdure bien hasta el golpe siguiente que es el mi de la sexta al aire el que deberá ser pulsado muy suave para que no moleste la continuación del sonido del golpe anterior y lo mismo se hará en los casos similares. En el quinto y sexto compás, debe hacerse oír claramente el doble canto.

This Study is a species of *Barcarola* of a soft and delicate character and should be treated as such by the pupil.

In bar 1, the 3rd beat with A and C♯ should be played a little stronger so that the sound sustains until the next beat (with the E of the open 6th string), which should be played softly so that it does not interfere with the sound of the previous note. This advice should be followed in all similar cases. In bars 5 & 6 the double notes of the melody should be heard clearly.

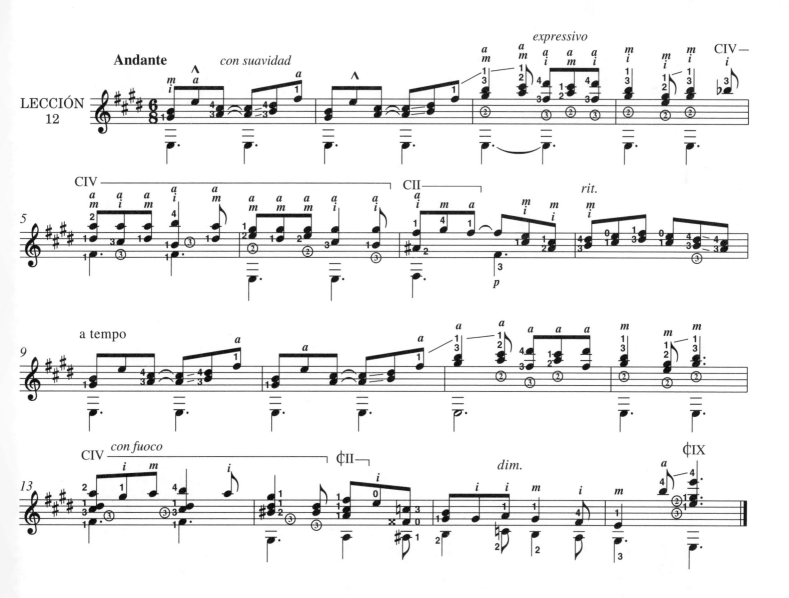

Tiempo lento de Mazurka

LECCIÓN 13

(córranse los dedos cuando hay arrastres)

En la ejecución de ligados descendentes, el dedo que debe aplicar mayor fuerza, no es el dedo que hace el ligado, sino el dedo que queda apretando la nota inferior y que tiene que resistir firmemente para que no se mueva la cuerda al tirar hacia afuera el dedo de la nota inicial para producir el ligado.

En general, existe la tendencia de hacer lo contrario en todos los alumnos, cuando empiezan a hacer ligados. El maestro deberá prevenir esto al alumno.

Bien acentuada la primera nota del ligado.

In playing descending slurs, the left hand finger that should press the most is not the finger that pulls the slur off, but rather the finger that remains holding the string down on the fretboard for the 2nd note which must remain firm enough to resist the sideways movement of the string as a result of the movement of the finger articulating the slur.

Generally, pupils starting to play slurs tend to do the opposite and apply more strength to the wrong finger. The teacher must prevent this happening.

Articulate the 1st note of the slur clearly.

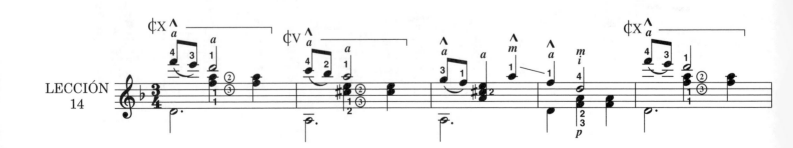

LECCIÓN 14

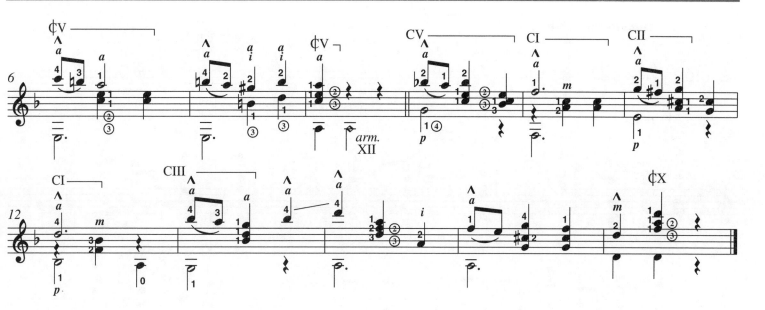

Este estudio es también de carácter melódico y deberá tocarse lento, de acuerdo al "Adagio" marcado en su comienzo.

La segunda parte especialmente deberá ser ejecutada bien y delicadamente cantada, haciendo efectivos los arrastres que existen.

Here is another lesson with a melodic character which should be played slowly, respecting the indication *Adagio*.

The interpretation of the 2nd part requires special care with a delicate *cantabile* in the upper voice and the indicated slides must be played effectively.

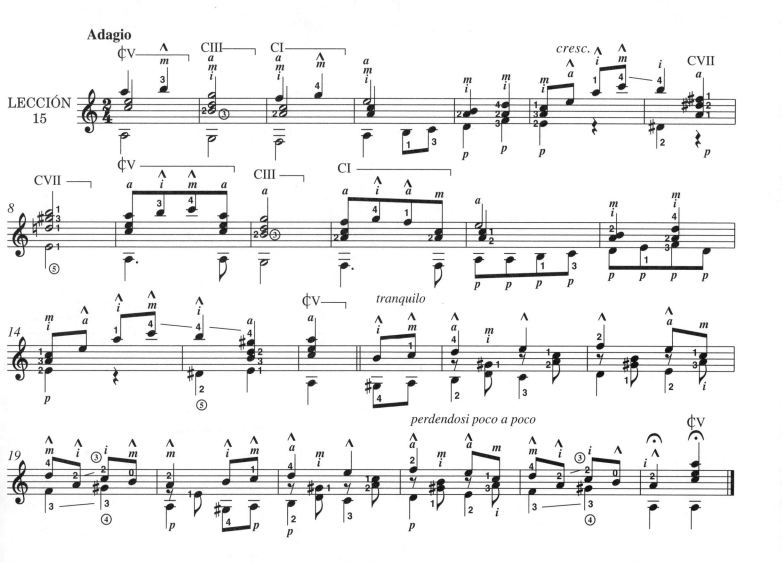

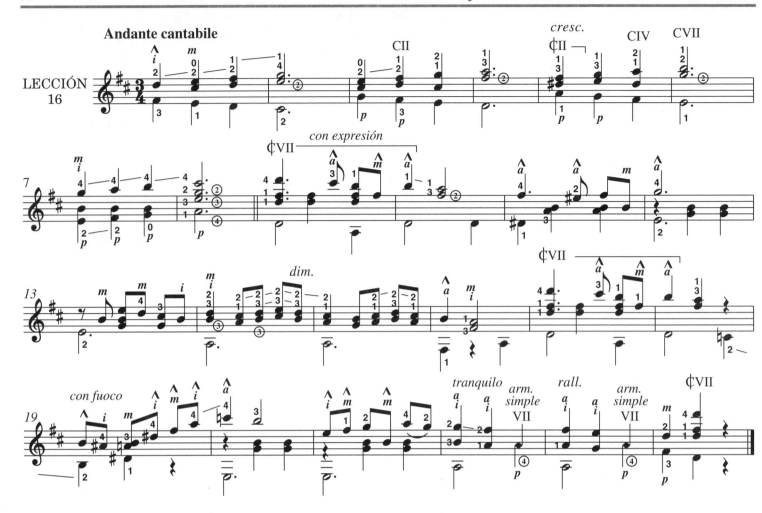

Hay que poner mucha atención en hacer resaltar las notas acentuadas y en el empleo exacto de los dedos de la mano derecha marcados.

Be careful to make the accentuated notes stand out and to follow exactly the indicated right hand fingering.

Para lograr una paginación óptima, esta página ha sido dejada en blanco.
To obtain an optimal layout, this page contains no music.

Nunca repetiré demasiado, por más que lo haga, la importancia que tiene en la música de guitarra el tratar de hacer destacar bien netamente las notas del canto, a cuyo efecto y lo repito una vez más, no solamente deben acentuarse con más fuerza sus notas, sino que también debe restarse fuerza a las demás. Así por ejemplo, en el primer compás el "la♯" y el "si" altos, deben tener doble fuerza que el resto de las notas del compás. Es muy importante siempre también, el correr los dedos de la mano izquierda sobre las cuerdas, cuando no es absolutamente necesario levantarlos; a ese efecto y siguiendo el ejemplo de Coste, he marcado con arrastres esos casos. Estos arrastres, no están marcados a los efectos que suenen en su recorrido, sino para tener la ventaja consiguiente en el cambio de posición pues el cambio en esas condiciones resulta más parejo, siendo el movimiento paralelo al mango y además, si se levantara el dedo en lugar de correrlo, habría que acertar cuerda y sitio y no levantándolo hay que acertar solamente el último.

Much as I try I can never repeat too much the importance of bringing out clearly the melody notes in guitar music. Not only should melody notes be accentuated by the use of more force, but force should also be reduced in playing the other parts in order to increase this contrast. For example, in bar 1, the A♯ and the B on the 1st string should receive double the force of the other notes in that bar.

It is always important to slide the left hand fingers over the strings when there is no necessity to lift them. Following the example set by Coste, I have marked these slides. Even when they result in string noise being produced slides should still also be used because of the advantages involved in changing positions. Due to the action of the wrist parallel to the neck of the guitar position changes with slides sound more uniform and even. If a finger is lifted instead of being slid, two components to place it again accurately must be considered, string and fret, instead of just the latter.

En este estudio, el canto está en las notas intermedias que son todas aquellas que tienen el signo ^.

De acuerdo con ello, dichas notas hay que pulsarlas con mayor fuerza y acentuarlas.

En el séptimo compás de la segunda parte, hay dos notas de canto que no tienen el signo ^ y son "mi" de la quinta y "re" de la misma cuerda, las que están marcadas con una "p"; esas notas, aunque no tienen puesto su signo de acentuación, deben ser pulsadas un poco más fuerte por ser, como antes he dicho, notas de canto.

In this Study, the melody is in the middle voice and marked with the sign ^.

This means that they must be played with more force and accentuated, (apoyando).

In bar 15 there are two notes of the melody, E and D on the 5th string, which do not have the sign ^. These are to be played with the thumb and even though they lack an accent sign should nonetheless be played a little more strongly, since they are melody notes.

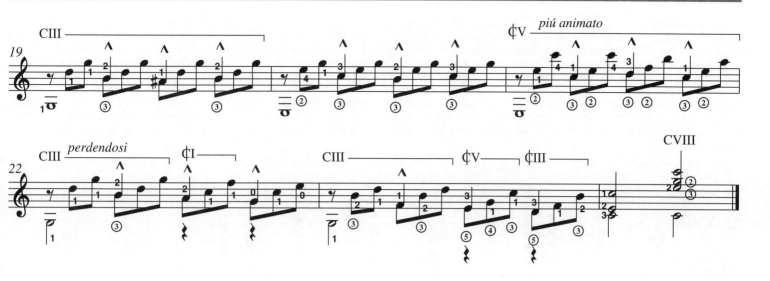

En este estudio existen dos clases de arrastres, los que nacen de los mordentes y los que nacen de notas ordinarias; en el primer caso, o sea el de los mordentes, el arrastre es rápido y la nota a la cual va, no se pulsa con la mano derecha, sino que ya se da por hecha, como por ejemplo, el primer compás de este estudio en el que, al pulsar el "do" mordente y deslizar rápidamente el dedo segundo hasta el "mi" de la segunda cuerda, ésta segunda nota ya se considera ejecutada. En el segundo caso o sea el arrastre entre notas ordinarias, como en el segundo compás, que es un arrastre de doble nota, desde "mi" de la segunda y "do#" de la tercera hasta el "re" de la segunda y "si" de la tercera, estas dos últimas notas son pulsadas por la mano derecha. En general debe observarse esta regla: cuando el arrastre por su naturaleza es rápido, no se pulsa la nota a la cual va, en cambio, cuando el arrastre es despacio y cuando la nota a la cual va el arrastre está acompañada de otra u otras notas, la nota a la cual va el arrastre debe ser pulsada por la mano derecha. Debo hacer una salvedad de orden musical, al citar la palabra mordente. Según la teoría musical de Danhauser (la más respetable a mi modo de ver), las pequeñas notitas de este estudio deben denominarse "apoyatura breve"; pues el mordente según la teoría nombrada, es la doble nota, pero como generalmente se denomina, mordente y mordente doble, al de una y al de dos notas respectivamente, yo he empleado esa denominación.

There are two types of slides in this Study: those which are used with mordents and those which are use with normal notes. The mordent slide is executed very rapidly and the 2nd note of the slide is not played with the right hand, but sounds as a result of the movement of the slide. For example, in bar 1, after plucking the C# mordent finger 2 of the left hand must be slid rapidly to the E, which sounds as a result of the finger sliding to it. In the 2nd case there are double slides as in bar 2 where E and C# on the 2nd and 3rd strings are slid down to the A and B. Here all notes, including the notes to which the slides go, are plucked by the right hand. In general one should observe the rule that when the slide is rapid the 2nd note is not plucked; when the slide is slow and the note to which it goes is accompanied by others, then all notes should be played by the right hand.

I must make a qualification of a theoretical nature with reference to the mordent. According to the musical theory of Danhauser (the most respectable in my opinion), the small notes of this Study should be described correctly as *short appoggiaturas*; mordents according to the above theory properly consist of double grace notes. Often, the former are commonly referred to as mordents and the latter as double mordents and I have retained this nomenclature.

En los primeros cuatro compases de este estudio, los acordes deben ser pulsados bien enteros, es decir, no deben arpegiarse y después de ser pulsados, no deben moverse los dedos de la mano izquierda, ni asentar los de la derecha sobre las cuerdas para que la duración de sus notas se haga efectiva en todo su valor. En los cuatro compases siguientes, desde el 5º hasta el 8º, ambos inclusive, debe tenerse cuidado de aplicar mayor fuerza en las notas acentuadas y restarle fuerza a las que no lo son. Lo antedicho debe aplicarse a todo el resto del estudio. Esta paginita es de un carácter melódico y tranquilo y con giros musicales de carácter netamente criollo argentino.

In the first four bars of this Study, the notes of the chords should be played well together, in other words not arpeggiated, the fingers of the right hand must avoid further contact with the strings after plucking and the left hand fingers are kept held down for the full duration of the chord in order for the full length of the notes to be attained. In the following four bars (5 - 8), be careful to apply more force for the accented notes while at the same time reducing force for the unaccented notes. These instructions are also relevant for the remainder of this Study, which has a tranquil melodic character with the musical atmosphere of an Argentinian *criollo*.

Tiempo de vals lento

Debe observarse en este ejercicio la regularidad más absoluta del movimiento en el arpegio. En los casos que se presentan al principio, o sea cuando el arpegio va desde la prima hacia las cuerdas inferiores, la regularidad es más fácil de observar, aunque el arpegio es más difícil, pero cuando el arpegio va desde la tercera hacia la prima como en el quinto compás y siguientes, la regularidad del arpegio es más difícil porque como el movimiento de la mano derecha es más fácil, hay tendencia a apurarlo y por lo tanto, a romper la igualdad que debe existir entre ambos movimientos.

In this exercise maintain absolute evenness throughout all arpeggios. In the opening bars, or when the arpeggio descends from the 1st string, regularity is easier to observe, even although it is more difficult to play. When the arpeggio ascends from the 3rd string as in bar 5 onwards, evenness in the arpeggio is more difficult to attain because of the pupil's natural temptation to race when suddenly encountering an easier right hand movement. This breaks the absolute evenness which must exist throughout both parts.

Este estudio podrá hacerlo ejecutar el maestro tocando él, conjuntamente con el alumno, el estudio Nº 35, pues aunque ambos parecen independientes, están hechos para ser tocados en dúo y a su debido tiempo, el maestro ejecutará este estudio y el alumno el número 35 para empezar así a practicar obras de conjunto y como este estudio es de un carácter más bien largo y despacioso, esta práctica resultará más fácil.

This Study can be played as a duo with the teacher playing No. 35 (of "The Second Lessons"). Although both studies appear quite independent, they have been written to also be played in duo, and when appropriate the players can change parts - the teacher playing No.26 and the pupil playing No.35. Here is a good opportunity to practise ensemble works, the *Largo* character makes this easier.

Este estudio puede ser ejecutado a dos guitarras, tocando el maestro el estudio Nº 17 de "Las Quintas Lecciones" para hacer práctica de conjunto. El movimiento, como está indicado es el vals lento.

This Study can also be played as a duo, in this case with the teacher playing Study No.17 from "The Fifth Lessons." The tempo marking is that of a slow waltz.

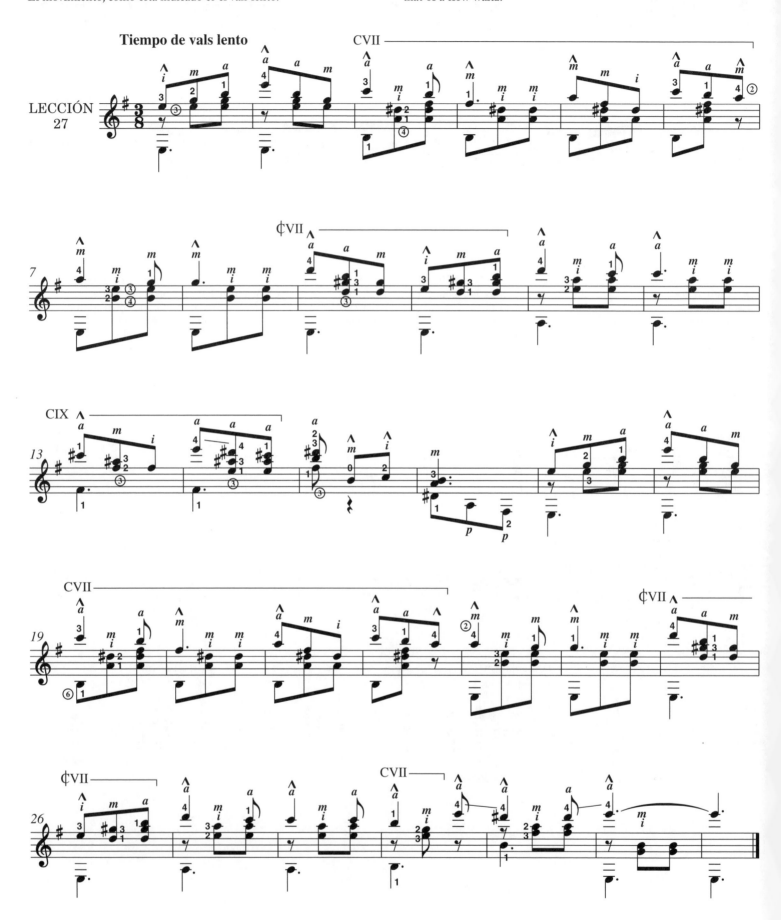

Córranse los dedos cuando se encuentren arrastres.

Slide the fingers as indicated.

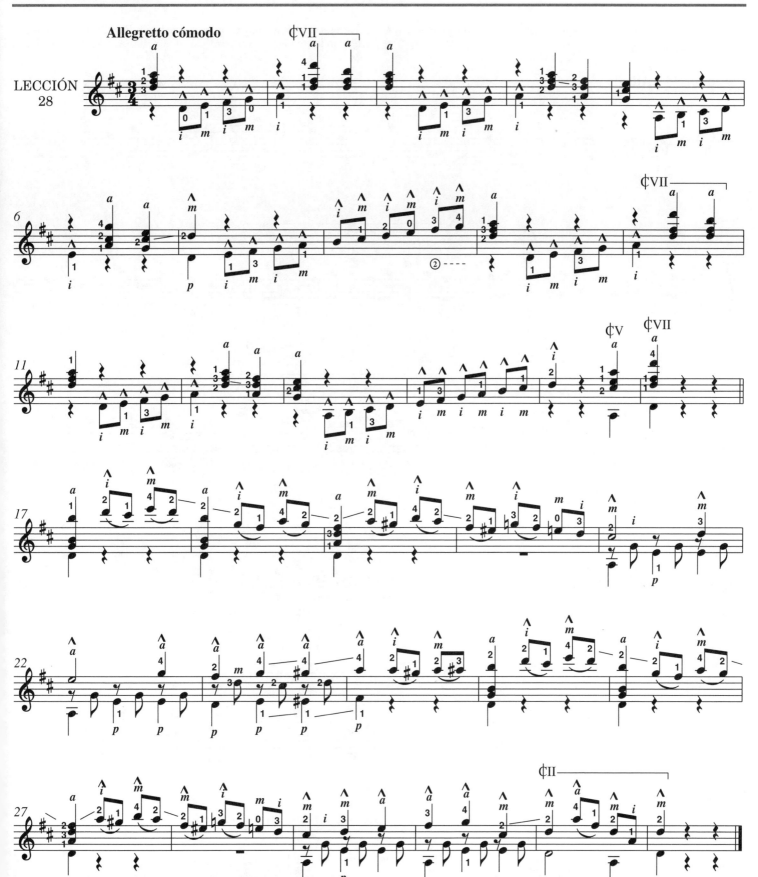

Acentúense bien las notas del canto y córranse los dedos cuando haya arrastres.

Accentuate the melody notes as marked and slide the left hand fingers where indicated .

Este estudio es muy buen ejercicio para los dedos de la mano derecha.
(Córranse los dedos en los arrastres)

This Study is a very good exercise for the right hand fingers.
(Slide the fingers as indicated.)

Andantino grazioso

LECCIÓN
30

(córranse los dedos en los arrastres)

Como ya lo indiqué en el estudio Nº 22, en los arrastres de estos mordentes simples (o apoyaturas breves como lo denomina la Teoría de Danhauser), la nota a la cual va el arrastre, no debe pulsarse con la mano derecha y por lo tanto el mordente es pulsado conjuntamente con el bajo que acompaña aquélla. En el caso de los mordentes ligados de los compases números 5, 6, 13, 14, 17, 18 y 21, debe prepararse la posición de la mano izquierda previamente en cada caso, pues de esta manera su ejecución será más perfecta.

As already mentioned in Study No. 22, the slides are simple mordents (or *short appoggiaturas* as described in the theory of Danhauser) - the note to which the slide goes is not plucked by the right hand and the mordent is played together with the bass. To ensure the perfect articulation of descending slurred mordents as in bars 5, 6, 13, 14, 17, 18 and 21, each left hand position must always be carefully prepared in advance.

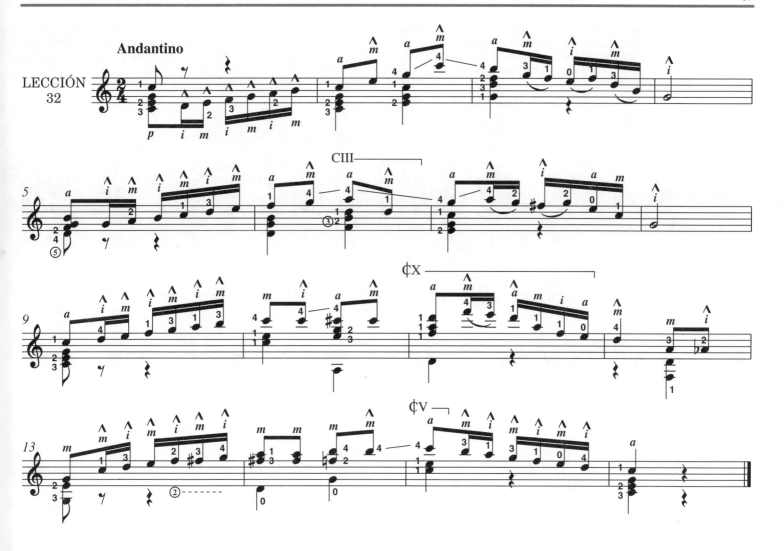

En este estudio, como ya lo indiqué en la parte pertinente del estudio N° 31, los mordentes o apoyaturas breves ligados, deben ser ejecutados teniendo previamente preparadas las posiciones de la mano izquierda y los mordentes deben ser pulsados simultáneamente con los bajos de las notas principales siguientes.

In this Study, as indicated in the pertinent part of Study No.31, the slurred mordents or *short appoggiaturas* must only be articulated when all fingers of the left hand, for the slur, have been placed on the fingerboard in advance. The basses should be played simultaneously with the main notes which follow the mordents.

Debe observarse en este estudio, de una manera estricta, la digitación de la mano derecha marcada y la acentuación de las notas marcadas con el signo ^. Debe tenerse también cuidado de restarle fuerza a todos aquellos golpes de acompañamiento que no lleven notas de canto, para que en esa forma, el canto pueda destacarse mejor.

Follow the indicated right hand fingering and the accentuation of notes marked with the sign ^. In order to bring the melody out more clearly also decrease the strength of attack when playing the parts of the accompaniment where melody notes are not present.

Tiempo de vals

LECCIÓN 34

Como está indicado en el estudio Nº 26 este estudio puede ser tocado en conjunto con el citado, formando un dúo que no deja de ser agradable, pudiendo el maestro invertir el orden en su ejecución a voluntad, es decir, tocando indistintamente uno u otro con su alumno, para así practicar obra de conjunto.

As mentioned previously, this Study can also be played together with Study No.26, making a most agreeable duo in which parts can be interchanged at the discretion of the teacher for additional practice in ensemble playing.

Recomiendo mucho en este estudio el preparar cada posición antes de atacar el ligado.

El mordente o apoyatura breve debe ser atacado con vigor aunque sin violencia y los otros dos golpes de acompañamiento de cada compás deben ser tocados muy piano para que se destaque netamente el canto.

I highly recommend that all left hand fingers are securely in position before articulation of the slurs is commenced.

The mordent or *short appoggiatura* should be attacked with vigour but without any violent finger movement. The chordal accompaniment in each bar should be played *pianissimo* so that the melody can be heard clearly.

En este estudio de mordente llamado vulgarmente mordente doble, debe pulsarse conjuntamente la primera nota del mordente y el bajo que acompaña la nota principal, la que resulta ya hecha por la mano izquierda al batir el ligado.

Debe también observarse, como ya lo tengo dicho, el correr los dedos de la mano izquierda sin levantarlos de las cuerdas, en todos los casos que están señalados los arrastres.

In this Study in double slurs, or as they are commonly called "double mordents", the bass note must be plucked together with the mordent and not the principal note, which sounds as a result of the action of the left hand.

Once again do not forget to slide the fingers of the left hand as indicated without lifting them from the strings.

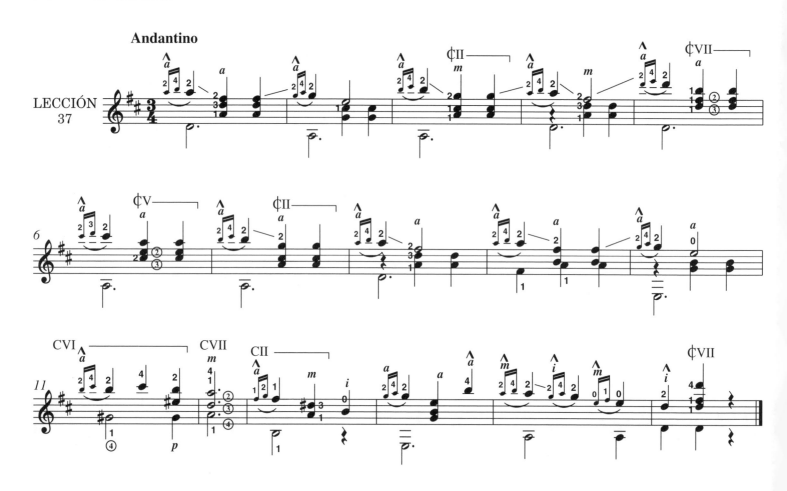

En este estudio, debe tenerse cuidado de hacer destacar el canto, dando mayor fuerza al anular de la mano derecha, que es el dedo que lo debe pulsar.

In this Study care should be taken to bring out the melody by adding strength to the stroke of the right hand ring finger.

Téngase cuidado de las notas acentuadas y de correr los dedos en los arrastres.

Give due attention to the accentuated notes and slide the left hand fingers as indicated.

En este estudio se presenta un efecto que en guitarra se le designa con el nombre de "campanella", el que resulta al pulsar los "si" y "si ♭" de la cuarta cuerda con el "sol" de la tercera en el primer compás; el "la" de la cuarta junto con el "sol" de la tercera y el "la" de la segunda junto con el "mi" de la prima y el "sol" de la tercera en el segundo compás, y el "la" de la cuarta junto con el "sol" de la tercera y el "la" de la quinta en el cuarto compás, de lo que se puede deducir fácilmente que la "campanella" es un efecto que se produce al pulsar ya sea conjunta o separadamente, una nota más alta en un cuerda inferior, y en otra cuerda superior una o varias notas al aire, de lo que se ha hablado ya en el estudio Nº 6 de "Las Segundas Lecciones."

Debe observarse estrictamente la digitación de la mano derecha marcada en los casos de "campanella" antedichos especialmente en el primer compás en el que los "si" y "si ♭" de la cuarta son pulsados con el dedo pulgar de la mano derecha.

This Study presents an effect on the guitar called *Campanella* or the sound of bells, which, in the 1st bar consists of playing a B on the 4th string with the open 3rd string G. We also find: (bar 1) an A on the 4th string together with an open 3rd string G; (bar 2) an A on the 2nd string together with the open 1st string E; (bar 4) an A on the 4th string together with the G on the open 3rd string and the A of the open 5th string. The *Campanella* is the effect that is produced by playing two or more strings, either together or separately, where the fingered or stopped note on the lower string(s) is higher than the upper (and normally) open string(s). I already discussed this situation in Study No.6 in "The Second Lessons".

Follow strictly the right hand fingering in the *Campanella* passages especially in the 1st bar where B and B♭ on the 4th string are played with the right hand thumb.

Se presenta en este estudio el efecto de "campanella" no en forma simultánea como en el estudio anterior sino sucesiva, al ejecutar en el compás Nº 22 el tresillo formado por el "fa" de la quinta, el "sol" de la tercera y el "fa" de la segunda, seguido inmediatamente del "mi" de la prima al aire del compás siguiente y en el compás Nº 30 al ejecutar el tresillo formado por el "sol" de la cuarta, el "do" de la tercera y el "fa" de la segunda seguido inmediatamente del "mi" de la prima al aire del siguiente compás.

This Study presents another effect of the *Campanella*, not played simultaneously as in the last Study, but instead successively, as for example in bar 22, where the triplet (F on the 5th string, G on the open 3rd, and F on the 2nd string) is followed immediately by the open E in the following bar. Similarly in bar 30, the triplet (G on the 4th string, C on the 3rd and F on the 2nd string) is followed by the open 1st string E in the next bar.

En este estudio de terceras con ligados debe observarse más que en ningún otro el correr los dedos de la mano izquierda cuando no sea necesario absolutamente el levantarlos. A ese efecto me he tomado el trabajo minucioso de marcar con arrastres todos esos casos y creo innecesario el argumentar más sobre la ventaja que significa para el ejecutante el observar esa regla, pero se puede decir hablando en criollo, que con esa forma de ejecutar "se lleva la media arroba".

In this Study of slurred 3rds one should slide the fingers of the left hand when it is not absolutely necessary to lift them. For this technique I have taken the trouble to notate all the slides. I consider it superfluous to state again the advantages of this technique. One could say in common parlance that just by using this technique "you are more than half way there".

En este estudio de sextas y terceras, hago la misma recomendación que en el anterior respecto a correr los dedos de la mano izquierda.

In this Study of 6ths and 3rds. I repeat my recommendation to slide the left hand fingers as in the previous Study.

Para lograr una paginación óptima, esta página ha sido dejada en blanco.
To obtain an optimal layout, this page contains no music.

En este estudio de sextas y terceras, hago la misma recomendación que en el anterior respecto a correr los dedos de la mano izquierda.

Este estudio, como se nota en seguida, es de un corte de danza oriental, muy fácil y que posiblemente será entretenido para el alumno.

En él se presentan los armónicos octavos en los bajos desde el compás Nº 24 hasta el Nº 32 y en los ocho compases finales.

Aunque creo innecesario explicar su ejecución, pues esta es la misión del maestro, ello no obstante la voy a poner a continuación.

Para ejecutar los armónicos octavados en los bajos, se pone superficialmente la yema del dedo pulgar de la mano derecha algo de costado sobre la cuerda y número de división marcado, de manera que la parte carnosa del dedo aplicada cubra un milímetro anterior y otro posterior del número de dicha división: hecho esto, se pulsa con vigor pero sin violencia con el dedo índice de la mano derecha e inmediatamente se saca el dedo pulgar para que pueda seguir sonando el armónico, debiendo tener presente que en las notas que no son al aire, después de hecho lo que antecede, no se debe mover el dedo de la mano izquierda que preparó la nota, pues si no se observa esto, se mata el sonido.

For this study in 6ths and 3rds I repeat my recommendation to slide the left hand fingers.

As may be immediately obvious, this Study is an example of a Danza Oriental. It is not complicated and hopefully fun for the pupil to play.

Octave harmonics are encountered for the first time in the basses from bars 24 to 32 and in the final eight bars. Although I believe it is unnecessary to explain their technique, as this is the task of the teacher, nevertheless I shall do so here.

To play the octave harmonics in the bass, the fleshy part of the thumb of the right hand is lightly placed on the string and fret of the harmonic as indicated, covering about 1mm both in front of and behind the fret. Once the thumb is in position, the string is plucked with vigour, but without violence, by the right hand index finger. As soon as the harmonic sounds the thumb is immediately lifted allowing it to continue to sound. Meanwhile, the finger of the left hand which pressed down the note should not be moved; if this is done the sound will be cut off.

Fin de las Segundas Lecciones de Guitarra
End of the Second Guitar Lessons

JULIO S. SAGRERAS

LAS TERCERAS LECCIONES
DE

GUITARRA

THIRD GUITAR LESSONS

*Obra de enseñanza perfecta y minuciosamente
digitada para el estudio de la Guitarra
Continuación de las Segundas Lecciones*

*A perfected Teaching Method
fully fingered for studying the guitar
Continuation of The Second Lessons*

PROLOGO

Como ya lo expresé en el prólogo de "Las Segundas Lecciones" el presente trabajo es el fruto de la experiencia que la práctica de cuarenta y un años de enseñanza me ha hecho recoger; y como también antes lo he dicho, serán publicadas inmediatamente, pues ya están concluídas, "Las Cuartas Lecciones" y "Las Quintas Lecciones", obras que son la continuación progresiva de la presente, como su denominación ya lo indica.

Tengo también en preparación "Las Sextas Lecciones" que serán las últimas y que completarán así, un verdadero método moderno en seis partes, teniendo pensado intercalar en esta última obra algunos estudios de los más importantes de Sor, Aguado, Coste, Damas y Tárrega, perfectamente modernizados y digitados con minuciosidad. Creo indudable que la dificultad progresiva de los estudios de mis métodos economizará trabajo a los maestros, en la enseñanza de la guitarra pues no será necesario andar saltándose estudios como hay que hacer con los métodos actuales y además, la digitación minuciosa de ambas manos, es siempre un alivio en el trabajo del maestro.

Julio S. Sagreras, Abril 1933

FOREWORD

As already mentioned in my Foreword to "The Second Lessons" this work is the fruit of forty-one years of teaching experience; "The Fourth Lessons" and "The Fifth Lessons" for Guitar, which are now ready, will soon be published. As their titles imply, these are the progressive continuation of the present work. I am presently preparing "The Sixth Lessons" which will be the last of the series and will complete a truly modern method in six parts. In this last work I am considering including the most important studies of Sor, Aguado, Coste, Damas and Tárrega with modernized and meticulous fingering.

I believe without doubt that the progressive grading of the studies in my books will reduce the workload for guitar teachers since it will now not be necessary to omit studies which has been a necessity when using other methods: moreover, the detailed fingering for both hands, is always a great help to the teacher.

Julio S. Sagreras, April 1933

LAS TERCERAS LECCIONES
GUITARRA

Por el maestro JULIO S. SAGRERAS

Recomiendo mucho en este estudio-ejercicio, que se prepare previamente en cada compás, la posición de mano izquierda lo más completa posible, en algunos compases como en los números 3, 4, 5 y 6 y otros más, pueden prepararse absolutamente completas.

Debe observarse también la absoluta regularidad en el tiempo y en que las notas resultantes de los ligados suenen con la misma fuerza que las demás notas.

Este estudio-ejercicio es muy bueno para ambas manos. Acentúense bien las notas iniciales del ligado.

In this Study, I strongly recommend that for each bar, the position of the fingers of the left hand be placed on the fingerboard, as far as is possible, well in advance. In some cases; for example bars 3-6, some of this preparation can be made in its entirety before the bar.

Watch out for absolute regularity in the tempo and ensure that the 2nd notes of the slurs, produced as a result of left hand articulation, sound with the same intensity as the others.

This Study-exercise is good for both hands. Articulate clearly the 1st note of each slur clearly.

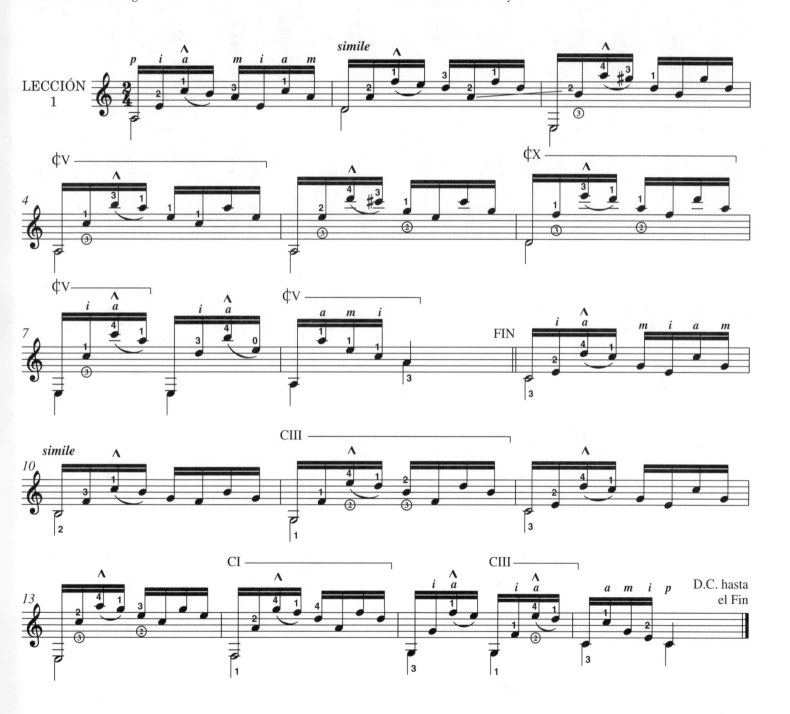

Aunque existen muy pocas obras para guitarra, con la afinación de quinta en "sol" y sexta en "re", he puesto aquí un estudio como práctica; recuerden los alumnos para sacarlo, que todas las notas de las cuerdas citadas, se encuentran en este caso dos divisiones más arriba; teniendo esto presente no será difícil su lectura.

En el octavo compás, existe un arrastre del "fa" al "mi" de la segunda cuerda, en el que puede notarse fácilmente que se pulsan ambas notas, pues están marcados los dedos índice y mayor de la mano derecha respectivamente en ambas notas.

Téngase cuidado de la digitación de la mano derecha marcada en el compás N° 20.

Although there are few works for the guitar using "g" tuning (6th string to D, 5th string to G) I have included this Study for practice. Pupils should be aware that all the notes on these strings are to be found two frets higher than usual. When one takes this into account the Study is not difficult to read.

In bar 8, there is a slide from F to E on the 2nd string; it is obvious that both notes are to be plucked as they are marked index and middle finger respectively.

Be careful with the right hand fingering in bar 20.

Obsérvese con todo cuidado los dedos de la mano derecha marcados y ejecútese este estudio suave y delicadamente, y muy bien expresado.

Carefully follow the indicated right hand fingering and play this Study softly and delicately, with a lot of expression.

He querido también intercalar en este método un estudio de lo que en guitarra se llama vulgarmente "trémolo". Como se verá, la digitación marcada en la repetición de las notas, es: i, m, i, pero también es conveniente la práctica de: i, a, i, y la de: a, m, i.

Para los casos de mayor sonoridad y no teniendo que ser muy ligero el movimiento melódico, conviene la primera digitación indicada y para los casos que el movimiento tenga que ser más rápido y que no haga falta tanta sonoridad, conviene la última digitación indicada.

Conviene siempre en todos los casos, observar la regularidad más perfecta en el movimiento.

I wanted to include in this method the technique commonly known on the guitar as "tremolo". Notice that the indicated fingering for the repeated notes is: *i, m, i*; but it is also possible to use *i, a, i,* or *a, m, i.*

To achieve maximum volume when not having to play the melody too fast, use the first fingering. For playing the melody more rapidly when volume is not an important issue, use the last fingering (*a, m, i*). Always try to attain perfect rhythmic regularity and smoothness.

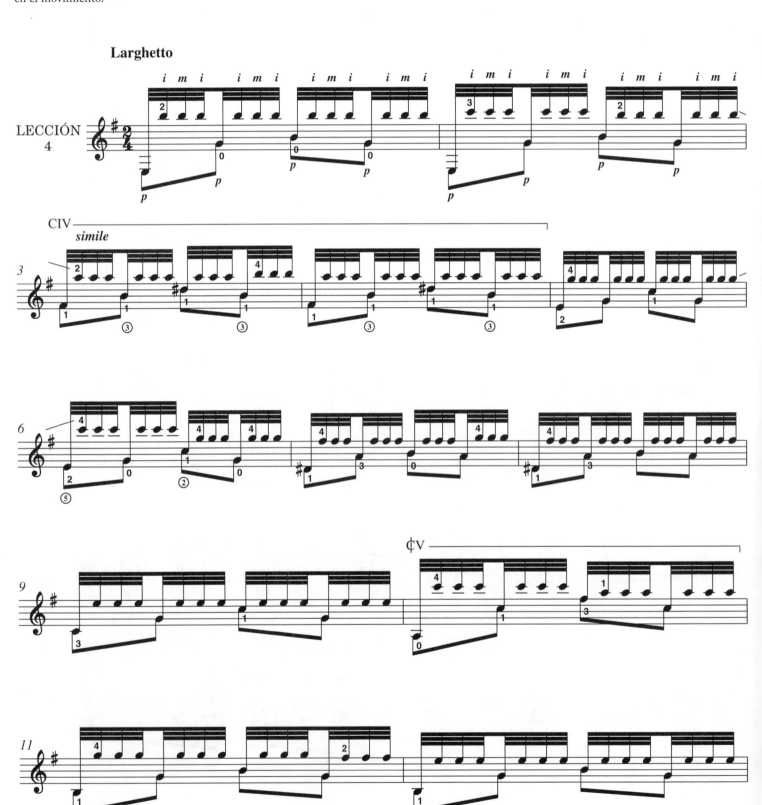

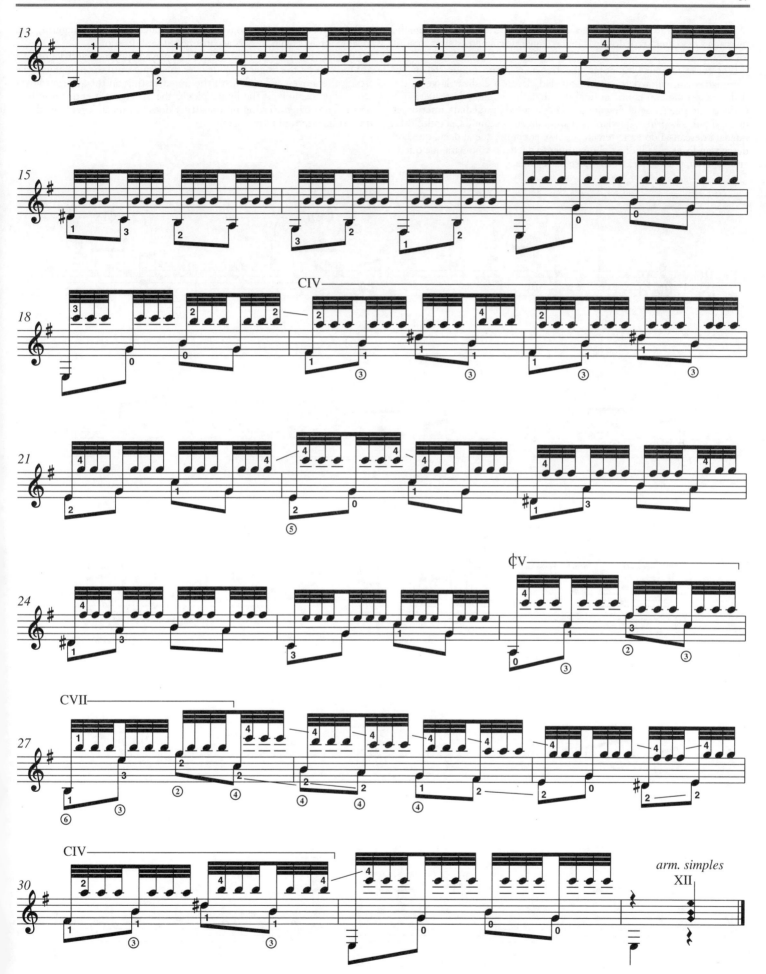

Téngase cuidado en este estudio, de la digitación de la mano derecha marcada y de correr los dedos de la mano izquierda cuando están marcados los arrastres.

Obsérvese también las notas que tienen el signo ^ que deben ser acentuadas con vigor pero sin brusquedad, dejando deslizar la yema del dedo y atacando con la uña al final de ese deslizamiento, de manera que el dedo que pulsó quede descansando en la cuerda inmediata inferior, es decir, si pulsó la prima, quedará descansando en la segunda, si pulsó ésta, quedará descansando en la tercera, etc.; se entiende, que al decir, quedará descansando, es para indicar el movimiento del dedo y no para que quede en la cuerda, pues tendrá que sacarse en seguida.

Be careful in this Study to follow the indicated right hand fingering and to slide the left hand fingers according to the indications.

Observe that notes marked ^ should be played apoyando with vigour yet not forced - let the finger tip slide over the string until the nail plucks the string; the movement ends with the finger resting on the adjacent lower string. For example, if the finger plucks the 1st string it ends up resting on the 2nd string. Resting on the string does not mean it remains there, it must be removed immediately.

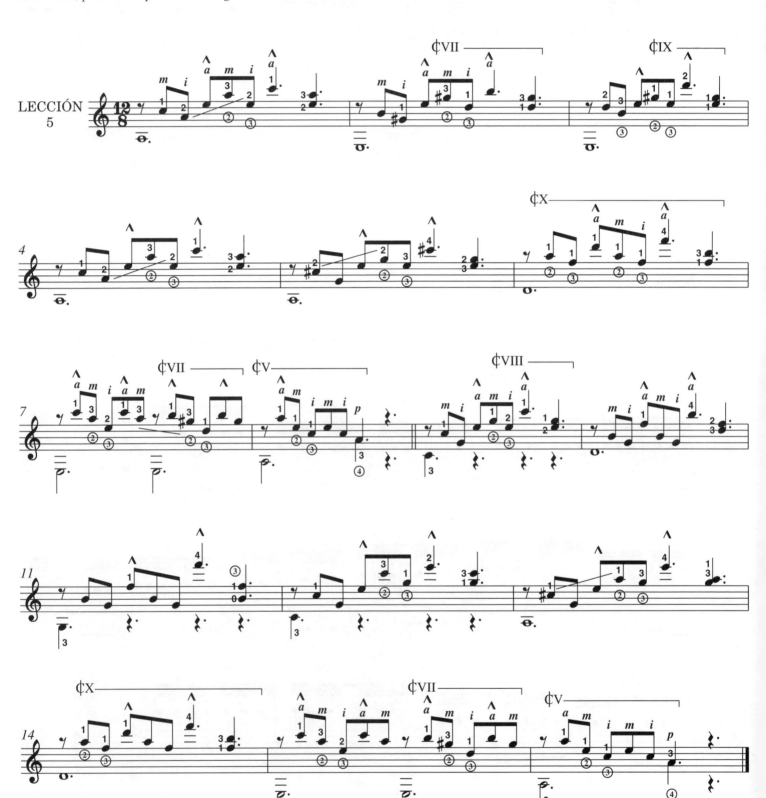

Este estudio hecho en compás de ranchera (hace algunos años se le decía mazurka, pues en realidad no es otra cosa) tiene ligados de tres notas. En estos ligados recomiendo que la nota inicial del ligado se mantenga bien firme, pues es la que tiene que resistir el ligado en su parte descendiente.

Recomiendo nuevamente, que en su segunda parte que es de terceras y sextas, se corran los dedos de la mano izquierda en todos aquellos sitios donde están marcados los arrastres.

Obsérvense estrictamente las acentuaciones marcadas.

This Study is in the style of a *Ranchera* (a form of Argentinian traditional music). A few years ago these were called mazurkas as in reality it is not different. Three-note-slurs are to be found here and I recommend in playing these that the finger holding down the 1st note of the slur should be held firm, as it has to resist the movement of the left hand finger articulating the descending slur.

When playing the 3rds and 6ths in the 2nd part, the fingers should slide as indicated by the slide marks.

Strictly observe the indicated accents.

D.C. hasta el Fin

Este estudio-ejercicio es muy conveniente, especialmente para la mano derecha.

This Study-exercise is very useful, particularly for the right hand.

Dése más fuerza a las notas iniciales de los ligados y réstesela a los golpes de acompañamiento que no llevan nota de canto.

Use more strength in playing the 1st note of each slur and reduce the volume in the accompaniment where there are no melody notes.

Tiempo de vals lento

D.C. hasta el Fin

Este estudio es muy conveniente, especialmente para la mano derecha.

Debe tenerse presente que los dedos anular, índice y pulgar deben pulsar los golpes de una manera perfectamente simultánea, es decir, sin arpegiar.

En este estudio, como se verá, no existe ninguna nota acentuada.

Córranse los dedos de la mano izquierda cuando no sea absolutamente necesario levantarlos.

This Study is very useful, particularly for the right hand.

The ring, middle and index fingers of the right hand must pluck the strings absolutely simultaneously, without arpeggiating.

Note that in this Study no notes are played apoyando.

Slide the left hand fingers when it is not absolutely necessary to lift them.

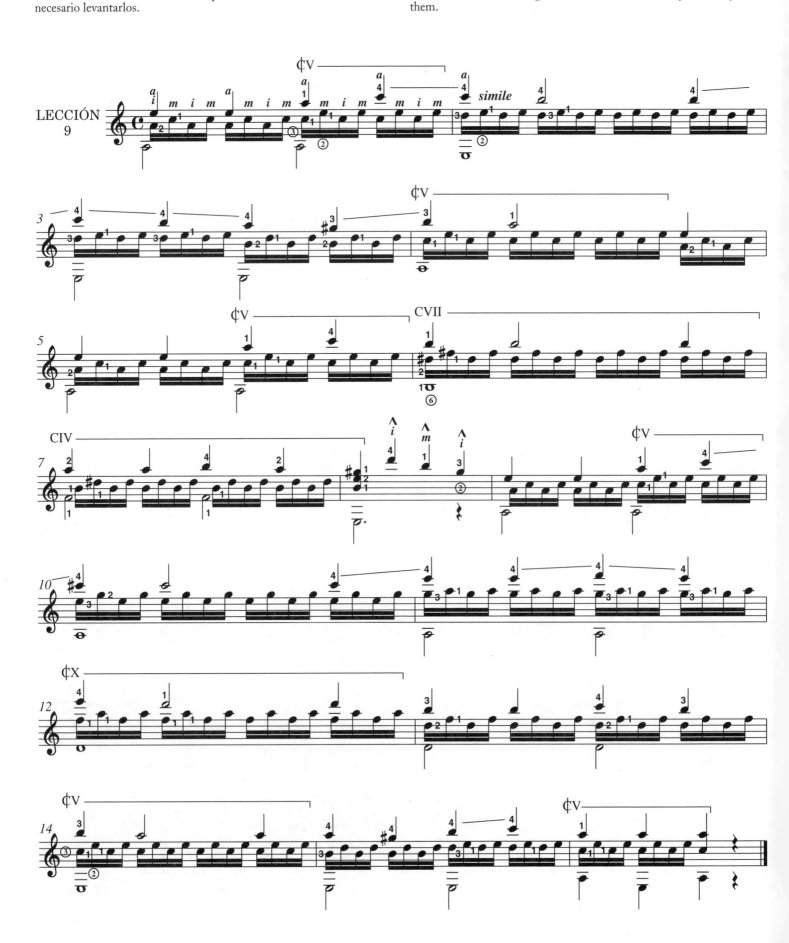

Ya en el estudio Nº 44 he dado las explicaciones pertinentes para producir los armónicos en los bajos; diré ahora, de paso, que esta forma de producir esos sonidos la ideó, según creo, el gran maestro Tárrega, pues hace treinta y cinco años más o menos, en lugar de producirlos como he indicado en el estudio 44, se producían de esta manera: se apoyaba en el sitio elegido para el armónico, la yema del dedo índice de la mano derecha y se pulsaba la cuerda respectiva con el dedo pulgar, el que tenía que hacerlo por debajo del dedo índice como es natural. Este movimiento resultaba muy incómodo, pues se deshacía la posición de la mano derecha cada vez que se hacía un armónico.

En este estudio, conviene preparar las posiciones de la mano izquierda en todo lo posible, para que el alumno, despreocupado de ellas, pueda reconcentrar su atención en acertar los sitios con el dedo pulgar de la mano derecha.

Recomiendo una vez más que una vez producido el armónico, no se moleste la cuerda con la mano derecha, ni se mueva el dedo de la mano izquierda que lo preparó, pues si no se observa esto, se mata inmediatamente el armónico.

Todos los bajos en armónicos octavados.

I have already given pertinent information for producing harmonics in Study No.44 on the bass strings. I take the opportunity of saying that I believe this technique was perfected by the great Tárrega. Thirty-five years ago or so instead of being done as I described, the harmonic was made by the finger tip of the right hand index finger, the string being plucked by the thumb. Naturally this had to be done with the thumb positioned underneath, or "inside" the index finger. Of course this feels uncomfortable, as the natural playing position of the right hand must be modified each time a harmonic is played.

In this Study, the pupil is recommended, as far as possible, to place the left hand fingers on the notes in advance, so that all his or her attention can be concentrated on the accurate placing of the right hand thumb.

Once more I recommend that once the harmonic sounds, the string should not be touched again with the right hand. Neither should the left hand finger be moved. Non-observance will result in the duration of the harmonic being prematurely cut off.

All the bass notes are octave harmonics.

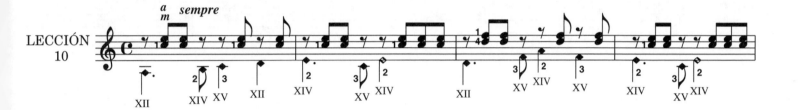

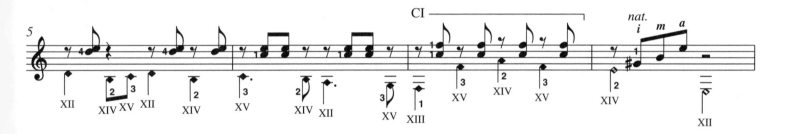

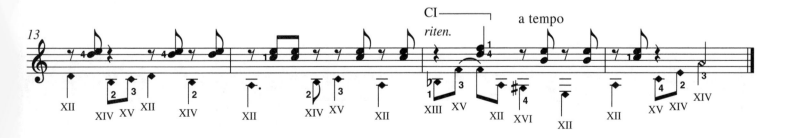

Ya que he dado la explicación para los armónicos octavados de los bajos, la daré también para producirlos en los notas agudas.

Después de estar preparadas las notas o posiciones con la mano izquierda, las que se preparan en todo lo posible, se aplica la yema del dedo índice en el lugar y cuerda que señala el armónico y se pulsa la misma con el dedo anular de la mano derecha; si este armónico va acompañado de un bajo, se pulsan simultáneamente con el dedo anular y pulgar de la mano derecha las cuerdas indicadas, como en el primer golpe de este estudio.

Vuelvo a recomendar una vez más, que no se molesten las cuerdas que han producido los armónicos, ni se muevan los dedos de la mano izquierda que los prepararon, para no matar el armónico.

Téngase especialmente cuidado en los casos como el compás número dos, de tocar el acompañamiento sin canto, muy piano para que así el canto que ha hecho el armónico pueda perdurar y sobresalir netamente.

(Todo el canto en armónicos octavados.)

Now that you know how to produce artificial harmonics on the bass strings, here is how they are produced on high notes.

Once the left hand fingers press the notes down, the fingertip of the index finger of the right hand is placed on the string over the fret at which the harmonic is to be found and the string is plucked with the ring finger. A harmonic accompanied by a bass is plucked with the right hand ring finger, while the bass is plucked with the thumb.

Once again I insist that for the duration of the note the left hand fingers must remain pressed down and further contact with the string avoided, otherwise the duration of the note will be cut short.

Take special care in cases like in bar 2, in order to play the accompaniment without melody *piano* so that the harmonics have the chance to sustain and be clearly heard.

(The entire melody is to be played in octave harmonics.)

En este estudio hecho especialmente para la práctica de la acentuación de dos cuerdas con el dedo pulgar, debe tenerse presente para su ejecución lo siguiente: al pulsar el "mi" de la sexta con el "mi" de la quinta, que es el segundo golpe del estudio, el dedo pulgar de la mano derecha debe colocarse en la sexta cuerda con la parte extrema izquierda y tomando poca cuerda, para que pueda deslizarse el dedo con más comodidad y atacando las cuerdas sexta y quinta en un movimiento lo más rápido posible vaya a descansar en la cuarta cuerda.

En los casos en que tenga que ejecutarse el movimiento en las cuerdas cuarta y quinta, el pulgar irá a descansar a la tercera cuerda. En los casos del noveno y undécimo compás, son tres las cuerdas que recorre el dedo pulgar, y como es natural en esos casos el dedo irá a descansar en la tercera.

Debe tenerse en cuenta en la ejecución de este estudio, que el canto (que lo hace el bajo), debe sobresalir netamente, a cuyo efecto no solamente se le dará mayor fuerza a esos bajos y no se molestarán para que perdure su sonido, sino que los golpes de acompañamiento que no llevan canto deben ser tocados mucho más piano.

This Study has been specifically written to practise playing two accentuated notes simultaneously with the right hand thumb. In bar 1, to play the E on the 6th string together with the E of the 5th string, the right hand thumb should be positioned on the 6th string barely touching the string with the left side. As rapidly as possible and in one movement it plucks the 6th and 5th strings coming to rest on the 4th string.

In the cases where the 4th and 5th strings are played, the thumb will come to rest on the 3rd string. In bars 9 and 11, three strings are to be plucked by the thumb, which then comes to rest on the 3rd string.

Take into account that in this Study the melody (which is played by the bass) should clearly be made to stand out not only by playing it louder but by playing the accompaniment, where no melody notes are present, noticeably more *piano*.

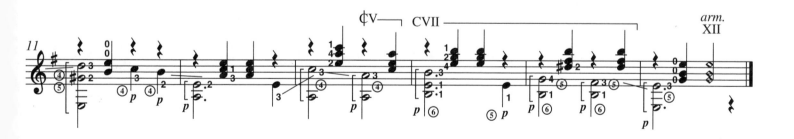

Este estudio es de décimas; intervalo poco usado en la guitarra, pero ello no obstante, he querido intercalarlo como práctica.

En el noveno, décimo y décimotercero compás, se presenta el caso de un mordente o apoyatura breve seguido de un acorde. Su ejecución es hecha del modo siguiente: se pulsan conjuntamente el "fa" mordente con el "do" de la tercera y el "la" de la cuarta y se liga rápidamente del "fa" al "mi" de la segunda, por lo que en realidad esta última nota es producida con la mano izquierda.

This is a Study in 10ths; I have decided to include it here for practice even although intervals of a 10th are rarely used on the guitar.

In bars 9, 10 and 13 there is a mordent or a short *appoggiatura* followed by a chord, which should be played as follows. The mordent (F), played together with the C on the 3rd string and the A on the 4th, must be rapidly slurred to the E on the 2nd string; the sound of the E is produced by the left hand.

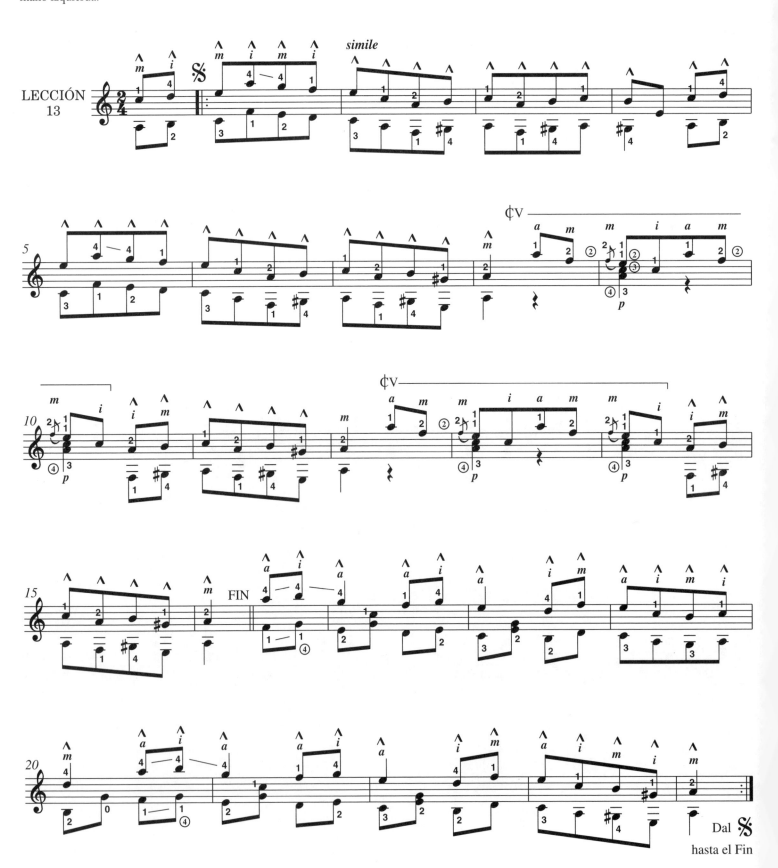

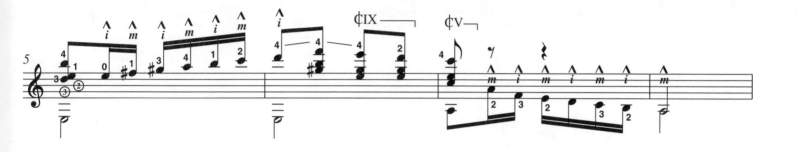

Tiempo de Mazurka

Repetiré una vez más aquí la ventaja que tiene el ejecutante en correr los dedos de la mano izquierda siempre que es posible, en lugar de saltar. Hay algunos casos que no se corren los dedos entre notas inmediatas y como induciría a error el colocar los arrastres en esas condiciones, voy a hacer las indicaciones pertinentes a este estudio: al ejecutar el segundo tresillo del segundo compás, consérvese el segundo dedo del "fa♯", en que se correrá al "la", primera nota del compás siguiente. En la misma forma, al ejecutar el "la" del segundo tresillo del tercer compás, se correrá el segundo dedo empleado; al "do♯", primera nota del compás siguiente; al ejecutar el "do♯" del segundo tresillo del cuarto compás se correrá el segundo dedo al "mi", primera nota del quinto compás; esto mismo ocurre, aunque en distintas notas en los compases números 10, 11 y 12.

Obsérvese estrictamente la digitación marcada. Atención a los arrastres que indican correr los dedos.

Let me insist once more on the advantages for the player in sliding the left hand fingers when possible, instead of lifting them in position changes. However, there are some cases in which the fingers are not slid between neighbouring notes as to do so would be wrong. For example, in the 2nd triplet of bar 2, the 2nd finger remains on F♯ until the G is played then it is slid to the A, the 1st note of the following bar. Similarly, in the 2nd triplet in bar 3, the 2nd finger should slide from A to C♯ in the following bar, but only after the B is has been played. In bar 4, the 2nd finger on C♯ in the 2nd triplet will slide to E, the 1st note of bar 5, but only after the D has been played. Similar cases occur, with different notes, in bars 10, 11, and 12.

Please follow the fingering exactly and pay attention to the lines which indicate finger slides.

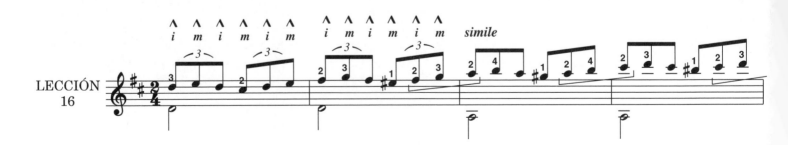

Andantino grazioso

LECCIÓN
17

Tiempo de vals lento

LECCIÓN
18

En todos los casos en que hay ligados descendentes, es conveniente preparar todas las notas si ello es posible, y con mayor razón, en el caso del primer compás de este estudio en que dichos ligados son mordentes y por consiguiente tienen que ejecutarse mucho más rápidamente. Así en el primer compás, se pondrán de una vez los dedos, cuarto, segundo y primero de la mano izquierda en el "do", "sib" y "la" respectivamente y hecho esto se iniciará el ligado; lo mismo ocurre en el compás Nº 5 y en el Nº 9. Para que los ligados salgan mejor, es conveniente imprimir mayor fuerza en la nota inicial.

Es conveniente que el alumno se acostumbre siempre en la aplicación de la fuerza de la mano derecha, a la modalidad tendiente a hacer destacar el canto, a cuyo efecto, no solamente debe imprimir mayor fuerza a éste, sino que también debe restarle fuerza a los golpes de acompañamiento que no llevan canto; por ejemplo, en el segundo compás, son fuertes el primer y segundo golpe y muy suave el tercero, que es sólo de acompañamiento, y así en todos los casos similares. En general es muy fácil reconocer el canto, pues se escribe siempre con la rayita hacia arriba, salvo el caso que el canto esté en las notas bajas.

In all cases of descending slurs, it is advisable to have the left hand fingers in position on all notes before articulation of the slur takes place. This is particularly important in cases such as in bar 1 where the slurred notes contain mordents and need to be played rapidly. In bar 1 fingers 4, 2, and 1 of the left hand need to be placed on C, B♭ and A respectively before the slurring action begins; the same applies for bars 5 and 9. For the slurs to sound really well, the first note should be played somewhat stronger.

The pupil must learn how to vary the amount of strength used in the right hand, not only by increasing the strength of attack when a melody needs to be made to stand out; but also by reducing the power of the attack in the parts of the accompaniment where no melody is present. In bar 2, for example, the 1st and 2nd beats are played strongly but the 3rd beat is played softer, since it is only an accompaniment with no melody note. Treat all other cases similarly. Generally it is very easy to recognize the melody, since it is usually written stems up, unless of course it is in the bass.

Este estudio es un poco incómodo por los ligados que llevan acordes y posiciones fijas, tómese al principio en una forma no muy rápida.

This Study is a bit uncomfortable to play as the slurs are located in chords and in fixed positions. To start with, do not practise it too fast.

Este estudio está hecho para ser tocado a dos guitarras entre el profesor y el alumno con el Nº 31 de "Las Quintas Lecciones", como una práctica de conjunto, y más adelante cuando el alumno esté más adelantado, podrá invertirse su ejecución, tocando el alumno el de "Las Quintas Lecciones" y el profesor el presente estudio.

This Study has been written so that, for additional ensemble practice, it can also be played as a guitar duo, for teacher and pupil, together with Study No. 31 from "The Fifth Lessons". As the pupil advances, the parts can be swapped over, with the pupil playing No. 31 from "The Fifth Lessons" and the teacher this Study.

Obsérvese lo más estrictamente posible la regularidad del movimiento a cuyo efecto hay que vigilar mucho la mano derecha.

Watch very carefully for absolute regularity of rhythm by paying close attention to the right hand.

Mucha atención a la digitación marcada y a las acentuaciones.   Pay close attention to the indicated fingering as well as to the accents.

Este estudio es de mordentes, en arrastres y en ligados, a nota simple y doble nota; como se verá, he marcado las acentuaciones solamente cuando se trata de nota simple, pues cuando son dobles ello no es posible, especialmente si son cuerdas inmediatas las que intervienen.

En el penúltimo compás [Nº 23], hay un quintillo del que resulta un ligado de seis notas; para hacerlo deberá el alumno preparar con la mano izquierda previamente, el "re" y el "do" doble sostenido pero aplicando mayor fuerza en el dedo primero que prepara la última nota citada, pues él, debe sostener la cuerda firmemente para que no se mueva de su sitio en el movimiento que le imprimen el segundo y el tercer dedo para producir el "re" y el "mi".

This Study consists of mordents, in one and two voices, sometimes played with slides and on other occasions with slurs. As can be seen, I have marked the accents only in the cases of single voices; when more voices are present this is not practicable, particularly where there are chords.

In bar 23, there is a quintuplet which involves a slur of six notes (including the 1st note of the next bar). Here the pupil must place the left hand fingers for the D and the C✕, in advance. The 1st finger, on C✕, must apply greater pressure in order to hold the string firmly in place when the 3rd and 2nd fingers of the left hand articulate the E and the D.

D.C. hasta el Fin

Este estudio no tiene más dificultad que el estar escrito en "do" menor y por lo tanto su lectura, como hay bemoles, resulta más incómoda; también es algo incómodo por las barras continuadas a que obliga el tono elegido. Tómese al principio en forma cómoda y en tiempo de vals lento.

This Study has no major difficulty other than it is written in C minor and reading the flat signs can be bit awkward for the pupil. There are also some lengthy barrés, as a result of this key. Start by practising at an easy pace in slow waltz tempo.

Tiempo de vals

Este estudio-ejercicio es muy conveniente para ambas manos y su práctica dará muy buenos resultados. Al preparar la primera posición de la mano izquierda téngase presente que debe prepararse desde ya el "mi" de la cuarta que se encontrará poco después, de manera que se preparará así: el segundo dedo en el "do♯" de la segunda y el primer dedo tapando el "la" de la tercera y el "mi" de la cuarta y doblando la primer falange en contra de la coyuntura; en esta forma se evitarán movimientos demás y se alcanzará con menos dificultad el "do♯" de la quinta con el cuarto dedo.

This Study-exercise is very useful for both hands and its practice will prove of benefit. When preparing the opening position of the left hand watch for the E on the 4th string (bar 3), which is prepared as follows: the 2nd finger plays the C♯ of the 2nd string and the 1st finger stops the A on the 3rd string as well as the E on the 4th string, by bending the first joint against the fretboard; in this way unnecessary movements are avoided, and the 4th finger can reach the C♯ on the 5th string with less difficulty.

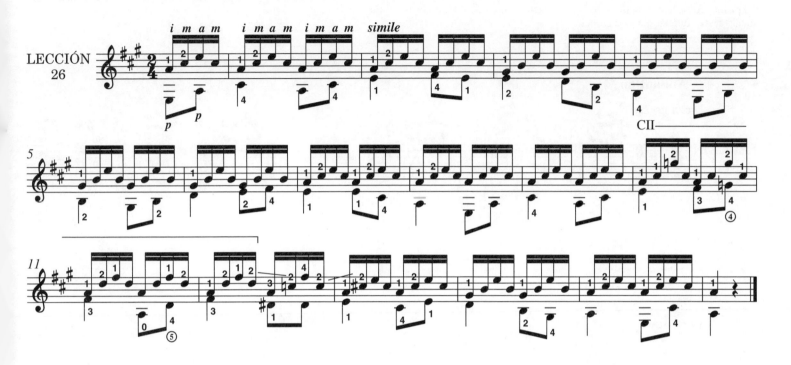

Este arpegio es una gran práctica para la mano derecha; consérvese lo más posible la regularidad en su movimiento.

This *arpeggio* is very important for the right hand; be careful to maintain rhythmic regularity.

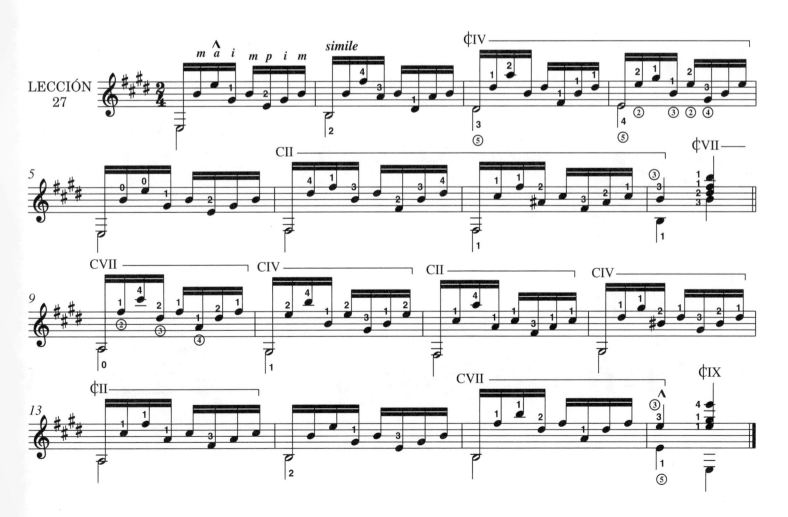

Este estudio es de grupetos ligados; para su ejecución recomiendo nuevamente que los dedos de la mano izquierda, preparen previamente las notas que los forman en todo lo posible y que son: en los compases Nᵒˢ 1, 3, 5, y 9, el "si", "la" y "sol♯" y en los compases Nᵒˢ 11 y 19 el "la", "sol" y "fa♯".

En el caso del arrastre de "la" a "si" en el antepenúltimo compás, esta última nota no se pulsa con la mano derecha, pues es de corta duración, de manera que se da por hecha con el sonido que el arrastre le ha comunicado.

Obsérvese en este estudio el apagar los sonidos del segundo y tercer golpe del primer compás y similares para hacer efectivas las pausas de corcheas que les restan duración a esos golpes.

This Study is for practising slurred grace notes; for their successful execution I again recommend that the left hand fingers are placed on the notes that form them, as far as possible in advance. In bars 1, 3, 5, and 9, these are B, A, and G♯ and in bars 11 and 19 A, G and F♯.

In the case of the slide from A to the B in bar 21, the B is not plucked by the right hand as it is of short duration and here the sound made by the slide sounds the note adequately.

Effectively damp the chords on the 2nd and 3rd beats of bar 1, and in other similar situations, by respecting the eighth note rests which follow them.

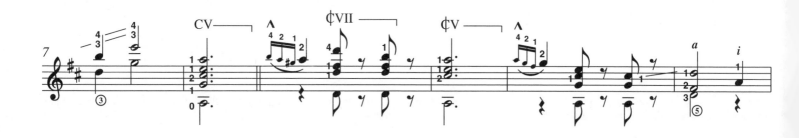

Este estudio es para la práctica del trino; su ejecución se hace de la siguiente manera: se prepara la nota principal, por ejemplo, el "la" del primer compás con el segundo dedo y con el cuarto dedo se percute repetidamente sobre el "si", teniendo cuidado de arrancar sonido cada vez que se saca el dedo; el número de veces que se hace esto, estará en relación con la duración de la nota principal y con la velocidad que se haya imprimido al estudio. Conviene al principio que el movimiento del estudio sea más bien lento, lo que no obstará para que el movimiento del trino sea ejecutado lo más ligero posible.

En guitarra poco se usa, pero existen muchas obras, especialmente las transcritas del piano y violín, por lo que su práctica es necesaria.

This Study is for practising trills, which are played as follows: the principal note, in bar 1 the A, is held down with the 2nd finger while the 4th finger repeatedly hammers the B sounding it. Ensure that each time the finger releases the string an A is made to sound. The number of times which the trill is executed is in relation to the duration of the principal note and in accordance with the tempo of the Study. Start practising this Study slowly, but not so that the tempo hinders the execution of the trill which should be played as fast as possible.

In guitar music the trill is seldom found, however it is often encountered in works such as violin or piano transcriptions, thereby making its practice necessary.

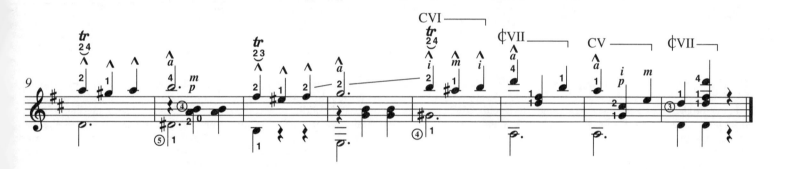

Mucha atención en este estudio en la digitación y en las acentuaciones.   Pay close attention in this Study to the fingering and accents.

En el compás doce de este estudio, podrá verse una pequeña escala pulsada con el dedo pulgar de la mano derecha y además puesta sobre las notas la digitación de índice y mayor; esto significa de acuerdo con la pequeña notita puesta sobre la escala que la digitación es a voluntad.

La escuela moderna, ha casi eliminado el dedo pulgar en las escalas y yo estoy de acuerdo con esa tendencia; pero eso no obstante, algunas veces es necesario su empleo, en casos de pequeñas escalas, para no hacer cambio de posición repentina de mano derecha por unas pocas notas.

Se debe entender, que si se elige en la pequeña escala citada, la digitación de índice y mayor, al llegar al "fa" del compás siguiente [Nº 13], esta nota debe de cualquier modo pulsarse con el pulgar.

In bar 12 of this Study you will find a short scale to be played by the right hand thumb. Placed over the notes is an alternative fingering using the index and middle fingers; the pupil may choose which fingering to use.

The modern school of guitar playing has almost eliminated the use of the thumb in playing scales, and generally I agree with this practice. However, sometimes it is useful to use the thumb in playing short scales thus avoiding rapid changes in the position of the right hand for the sake of only a few notes.

Ensure that whichever fingering you choose, (even if you opt for *i, m*) the F in bar 13 must be played with the thumb.

Acentúense bien las notas iniciales de los ligados y respétese estrictamente la digitación. La velocidad de este estudio estará de acuerdo con lo que el alumno pueda imprimirle.

Emphasize the first note of each slur, and follow the fingering exactly. This Study should be played as fast as the pupil's ability permits.

Tiempo de Seguidilla española

Téngase presente las acentuaciones marcadas y la digitación de ambas manos.

Prepárense previamente dentro de lo posible, las posiciones de mano izquierda, para tratar con ello de que se produzcan los menores movimientos posibles de dicha mano.

Por ejemplo, en el compás Nº 1 se conserva firme el "si" de la 5ª cuerda; en el compás Nº 2 el "mi" de la quinta y el "si" de la tercera; en el compás número 3 el "sol" de la cuarta y el "mi" de la segunda; en el compás número 5, el "si" de la quinta, el "re♯" de la cuarta y el "sol♯" de la tercera y así sucesivamente.

Interpret the accents as indicated and follow the fingering of both hands.

Always try to place the left hand fingers in position in advance, keeping them there when they are needed again, in order to avoid unneccesary movements.

In the 1st bar, for example, hold down the B on the 5th string; in bar 2, the E on the 5th string and the B on the 3rd string; in bar 3 the G on the 4th string and the E of the 2nd string; finally in bar 5 the B on the 5th string, the D♯ on the 4th string and the G♯ on the 3rd string, and so on.

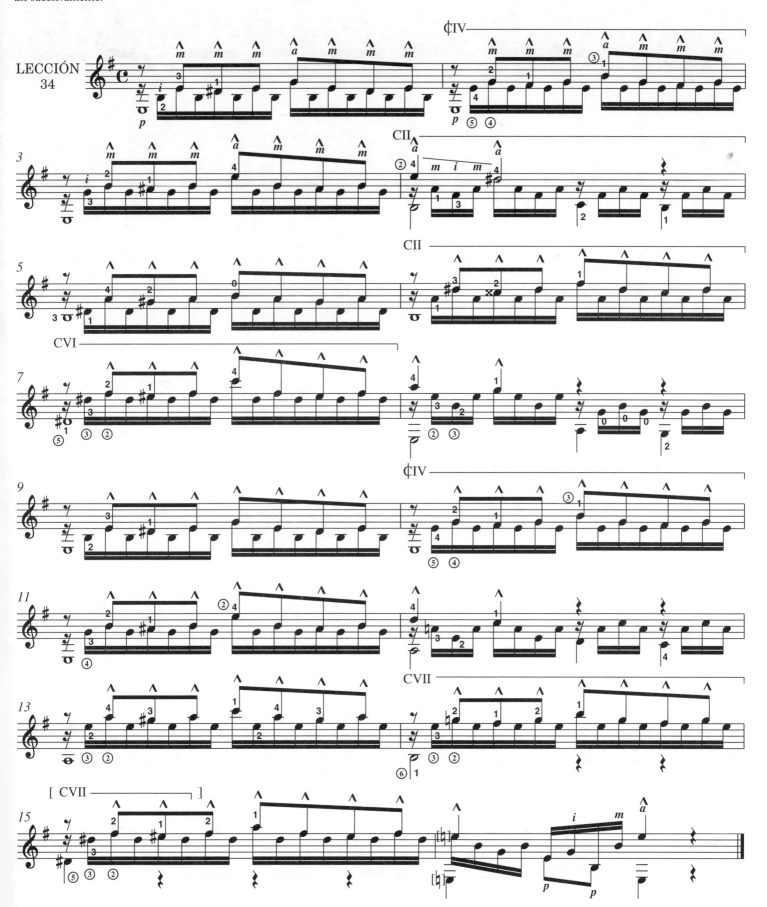

En este estudio se presenta el canto en una forma rara y al parecer irregular. Resulta de un efecto a mi modo de ver interesante.

Obsérvese estrictamente la digitación de ambas manos y las acentuaciones marcadas.

Córranse siempre que sea posible los dedos de la mano izquierda.

In this Study the melody appears in a rare and seemingly irregular form, which in my opinion gives an interesting effect.

Follow strictly the fingering of both hands as well as the indicated accentuation.

Slide the fingers of the left hand whenever possible.

LECCIÓN 35

Téngase presente en este estudio de terceras, cuartas y sextas lo indicado antes respecto a correr los dedos de la mano izquierda.

Note in this Study of 3rds, 4ths, and 6ths the previous remarks about sliding the left hand fingers.

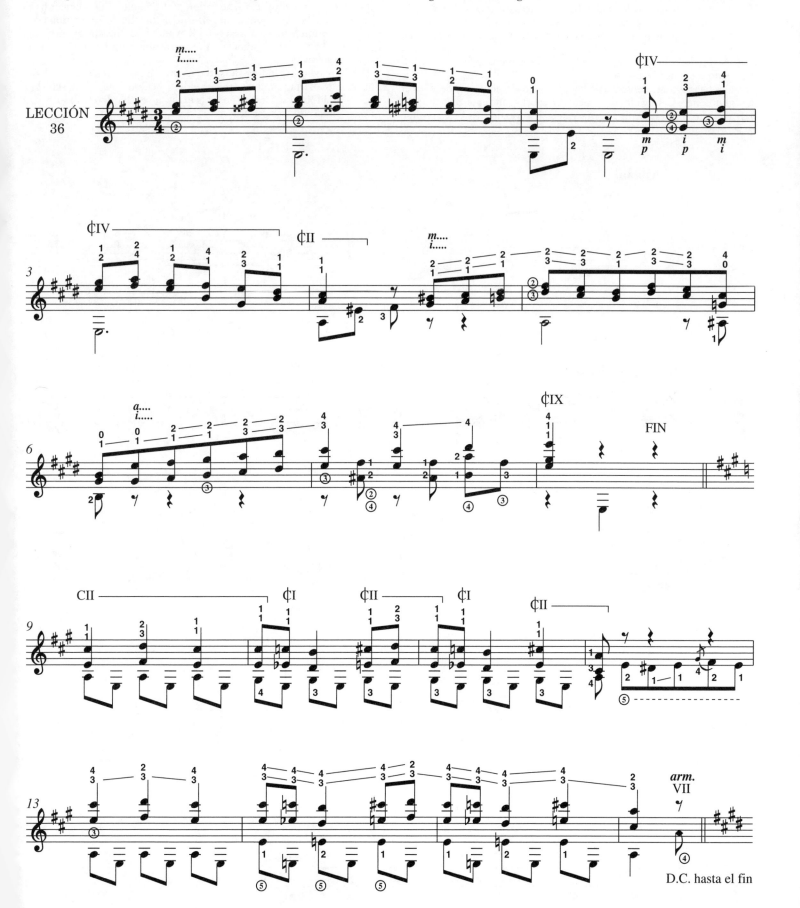

Este estudio es de ligados retardados, es decir, que entre dos notas ligadas deben pulsarse con la mano derecha otra ú otras. Es necesario para su buena ejecución, que en los casos de ligados descendentes, se preparen previamente las dos notas del ligado para poder efectuarlo con más comodidad y buen resultado; por ejemplo, en el primer compás se preparan con la mano izquierda el "do" y el "si" que forman el ligado, después de lo cual se inicia la ejecución del compás; en el segundo compás se prepara el "sol" y el "fa♯" del ligado y así sucesivamente.

En los ligados ascendentes, el dedo de la mano izquierda que debe hacer la segunda nota del ligado, debe percutir con la suficiente fuerza como para que suene nítidamente la nota y debe hacerlo, lo más cerca posible de la división.

In this Study of delayed slurs, the other notes that lie within the duration of the slur are to be plucked by the right hand.

For correct and effortless articulation of descending slurs the left hand fingers should be placed on the fingerboard before the slurring action takes place. For example in bar 1 the C and B, which form the slur, are prepared in advance by the left hand before the slur action is initiated, similarly in bar 2 and so on.

When playing ascending slurs, the hammering action of the left hand finger on the string produces the sound of the 2nd note of the slur. The finger should strike as close as possible to the upper fret, and with sufficient force to sound the note clearly.

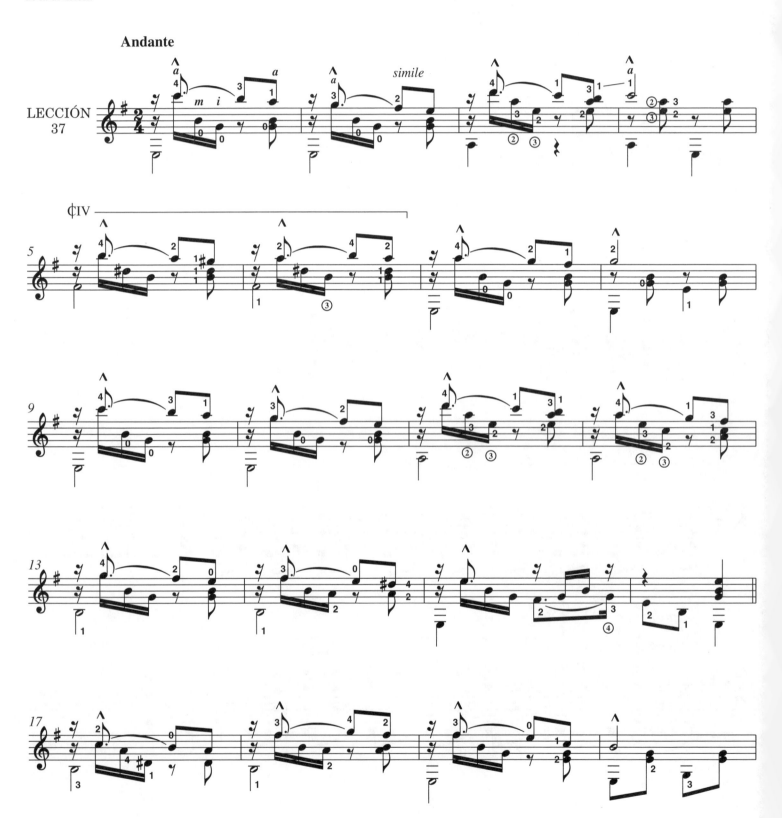

Fin de las Terceras Lecciones
End of the Third Guitar Lessons

JULIO S. SAGRERAS
Las Lecciones de Guitarra 1 - 3
French and German Translations of the Original Spanish Texts

PROLOGUE DE L'EDITEUR

Bienvenue à une méthode pour guitare classique qui, de tout les temps, a été particulièrement auréolée de succès. Dans le monde entier, plusieurs générations de guitaristes ont appris leur instrument grâce aux "Leçons de Guitare" de Julio S. Sagreras. Les "Premières Leçons de Guitare", publiées en 1922 à Buenos-Aires par Romero et Fernández représentent une très significative méthode instrumentale extra-européenne. C'est à cette époque que leur auteur publia également la "Technique Supérieure", manuel technique.

Au début des années 30, la maison d'éditions Ricordi Americana de Buenos-Aires republia la "Technique Supérieure" sous un nouveau numéro d'édition ainsi qu'une nouvelle parution enrichie des "Premières Leçons". En 1934, l'intégrale des six volumes fut publiée par Ricordi. Leur popularité fut telle qu'en 1934, les "Premières Leçons" durent être réimprimées pour la quatrième fois. Vers la fin des années 60, on pouvait alors compter les rééditions par douzaines.

Nous considérons judicieux de rééditer aujourd'hui l'intégralité des "Leçons de Guitare" ainsi que la "Technique Avancée" dans une nouvelle édition polyglotte en deux volumes reproduite sous les principes graphiques techniques de la plus haute qualité.

Le texte original espagnol demeure intact et la musique n'a subi aucune modification en dehors de la correction de quelques erreurs flagrantes figurant dans de précédentes éditions et une légère réduction de la charge occasionnée par la trop importante redite de certains doigtés.

Pour plus de clarté, nous avons introduit le signe C suivi du chiffre romain à la place d'un chiffre arabe pour désigner un grand barré.

Nous avons également utilisé le signe ₵ pour indiquer un barré couvrant trois cordes ou moins.

Nous souhaitons ainsi remettre au goût du jour les Leçons de Julio Sagreras afin qu'elles demeurent une méthode aussi agréable qu'efficace pour de nombreuses années à venir.

Guitar Heritage Inc.
Columbus Ohio, 1994

LES PREMIÈRES LEÇONS DE GUITARE

PROLOGUE: A L'INTENTION DES PROFESSEURS

Après plus de trente années consacrées à l'enseignement de la guitare, j'ai souvent observé les difficultés que les élèves débutants rencontraient dans les méthodes existant déjà dont les principes difficiles et insuffisants ainsi que les premières études rassemblées dans un ordre peu progressif exigeaient un effort pour parvenir à la connaissance de la notation.

Cela m'a décidé à publier le présent ouvrage composé il y a déjà quelques temps et mis en pratique avec beaucoup de réussite auprès d'élèves novices travaillant sous ma direction.

Je ne doute pas, en conséquence, que l'utilisation de cette méthode facilitera la tâche des professeurs.

Il semblera peut-être que je répète et détaille trop les principes de début, mais ce n'est jamais inutile. On pourra cependant (si on le juge nécessaire) passer plusieurs leçons en tenant compte des conditions intellectuelles de l'élève.

Je recommande tout particulièrement d'apprendre aux élèves à buter les notes selon le principe de Tárrega, c'est à dire que les doigts index, majeur et annulaire de la main droite, posent la pulpe au contact de la corde, le doigt glissant vers l'ongle (qui doit être court) et allant ensuite reposer sur la corde immédiatement inférieure. C'est cette modalité que je nomme "buter" et que je note à l'aide du signe ^. Mon oeuvre "technique supérieure de la guitare" qui doit être publiée en même temps que le présent ouvrage, fait une place importante à ce sujet.

Il me semble convenable que les professeurs fassent étudier aux élèves qui ne connaissent rien encore, les explications que j'ai écrites ci-dessous à l'intention de ces derniers.

AUX ÉLÈVES QUI VONT DÉBUTER:
ce que l'on doit étudier théoriquement de mémoire.

MAIN GAUCHE

Index	=	N°1
Majeur	=	N°2
Annulaire	=	N°3
Auriculaire	=	N°4

On ne se sert jamais du pouce.
Les doigts de ladite main doivent presser les cordes avec leur extrémité ou pointe, tout en pliant la première phalange en forme de petit marteau et ce, le plus près possible de la barrette.

MAIN DROITE
Les doigts de la main droite sont désignés à l'aide de l'initiale de chacun, à savoir:

pouce	=	p
index	=	i
majeur	=	m
annulaire	=	a

L'auriculaire ne s'emploie qu'en cas d'absolue nécessité, (l'auteur du présent ouvrage ne l'emploie en aucun cas).

Le signe ^ signifie "buter", c'est à dire que le doigt de la main droite qui joue la corde doit arriver sur celle immédiatement inférieure après que la pulpe du doigt, appuyant sur la corde, aura glissé vers l'ongle qui devra être bien court.

Les numéros entre parenthèses ou inscrits dans de petits cercles désignent la corde; de même qu'un trois entre parenthèses (3) signifie la troisième corde, un quatre (4) de cette façon, la quatrième corde etc. Les chiffres romains désignent la case ou un barré, ainsi un grand cinq écrit de cette manière : "V" signifie un barré à la cinquième case.

En résumé on devra se souvenir que:
1° Les numéros désignent les doigts de la main gauche.
2° Les numéros entre parenthèses ou encerclés désignent les cordes.
3° Les chiffres romains désignent la case ou un barré.
4° Le signe ^ désigne une note butée.
5° Le zéro indique la corde à vide.

JULIO S. SAGRERAS
BUENOS AIRES, JUIN 1922.

LES PREMIÈRES LEÇONS DE GUITARE

Leçon 1:
Il y a une vingtaine d'années, lors d'une discussion avec Miguel Llobet, merveilleux guitariste et distingué collègue, je lui demandais ce qu'il enseignait aux novices dès la première leçon. Il me dit qu'il faisait jouer, de façon répétitive, les cordes à vide pour habituer les doigts au contact des cordes, même si l'élève est supposé ignorer le nom des notes qu'il joue. Il s'agit là de la meilleure manière de procéder car cela permet au débutant de constater la difficulté de la première leçon durant laquelle il devra apprendre la bonne tenue de l'instrument.

Leçons 2 - 8:
1ère BASE: du DO de la 5ème corde au SOL de la 3ème.
On précisera à l'élève que le pointillé indique une série de notes jouées sur la même corde.

Leçons 9 - 15:
2ème BASE: du SOL de la 3ème corde au RE de la 2ème..

Leçon 16:
LES DEUX PREMIÈRES BASES ENSEMBLE.

Leçons 17 - 23:
3ème BASE: du DO de la 2ème corde au SOL de la 1ère.

Leçon 24:
LES TROIS PREMIÈRES BASES ENSEMBLE.

Leçons 25 - 30:
4ème BASE: du SOL de la 6ème corde au RE de la 4ème.

Leçons 31 - 35:
5ème BASE: du MI de la 6ème corde au SI de la 5ème.

Leçon 36:
RÉVISION DE TOUTES LES BASES

Leçon 37: GAMME CHROMATIQUE DE 2 OCTAVES.
Note: la manière d'écrire la gamme chromatique qui illustre cette leçon, l'auteur n'a pas souhaité s'en tenir à une écriture théorique qui aurait compliqué la tâche et n'a mis son intention est de lui faire bien connaître l'effet du dièse (♯).

Leçon 38: Ici, pour la première fois, intervient le pouce de la main droite que l'on utilisera pour jouer les basses en allant de haut en bas (en direction de la 1ère corde) et un peu de côté en prenant peu de corde. Cette leçon permet de bien repérer et apprendre les notes à des octaves distinctes. A partir de cette leçon, on n'écrira plus le nom des notes ni leur position.

Leçon 39: Presque identique à la précédente, cette leçon apprendra à jouer la basse suivie d'une note aigüe. On devra préparer les doigts de la main droite avant de faire chaque geste et, pour bien buter la note aigüe, on prendra peu de corde à la basse.

Leçon 40: Ici interviennent, pour la première fois, trois doigts de la main droite dans l'ordre constant suivant: pouce, index et majeur. On préparera toutes les notes de la main gauche que l'on conservera jusqu'à la mesure suivante. Dans cette leçon, aucune note ne sera butée.

Leçon 41: Identique à la précédente, cette leçon exige des doigts i et m qu'ils soient joués en même temps en se dirigeant vers la paume de la main.

Leçon 42: Dans la leçon 37, l'élève qui a appris l'effet du dièse (♯), le retrouve ici à la 5ème mesure. Il sera bon, pour le professeur, d'en renouveler l'explication.

Leçon 43: L'annulaire, conjointement aux pouce, index et majeur, intervient pour la première fois dans cette leçon. On devra observer rigoureusement les indications de doigté. Quant aux doigts de la main gauche, ils se placent au fur et à mesure que les notes se suivent. Cette leçon sert aussi à apprendre les notes sur trois octaves distinctes.

ARPEGES

Leçon 44: Cette leçon nous permet d'aborder pour la première fois la position fixe de la main gauche tout en accentuant les notes de la 1ère corde qui sont butées par l'annulaire de la main droite. Le professeur veillera à ce que l'élève marque bien les différences d'intensité, de sorte que les notes jouées par l'annulaire se détachent nettement et avec fermeté mais sans brutalité.

ACCORDS

Leçon 45: Dans cette leçon apparaissent, pour la première fois, les accords. Il est plus souhaitable que l'élève les joue assez faiblement au début, les doigts prendront peu de corde et exécuteront leur mouvement vers la paume de la main.

Leçon 46: On reproduira ici les mêmes indications d'accentuation et d'intensité déjà citées dans l'exercice 44. Le professeur précisera que le chiffre "3" en caractère italique désigne l'indication de triolet et n'a rien à voir avec le troisième doigt de la main gauche.

Leçon 47: Mêmes indications que celles de la leçon 45.

Leçon 48: On utilisera les mêmes indications de force et d'accentuation des doigts de la main droite que celles recommandées dans les leçons 44 et 46.

Leçon 49: Ici nous verrons pour la première fois la 2ème position où intervient le "La" de la 1ère corde à la 5ème case. Pour changer de position entre les mesures 4 et 5, il suffit d'enlever le 2ème doigt du "La" en 3ème corde et de glisser le 1er doigt du "Do" au "Do♯" sans le soulever de la 2ème corde. Cette pratique s'appelle "portamento" et s'indique par un trait tel que ⌐ ou ⌐ .

Leçon 51: On doit jouer ces accords de quatre notes avec peu de force pour commencer; à chaque fois on lèvera légèrement la main droite tout en repliant les doigts vers la paume alors que le pouce viendra toucher l'index.

Leçon 52: Dans cette leçon nous rencontrons le cas où l'on doit jouer en même temps une basse et une note aigüe butée. Si l'élève éprouve une difficulté à jouer ces deux notes simultanément, il pourra les exécuter légèrement arpégées à la manière de la leçon 39 apprise précédemment.

Leçon 53: Les notes de la 1ère corde plus fort et butées. Dans les mesures 1, 4 et 8, l'élève pourra remplacer le 3ème doigt par le 2ème ainsi que le préconise presque toujours Aguado. On remarquera la présence du "Fa♯" à la clé.

Leçon 54: Voici, pour la première fois le "SI" sur la 3ème corde. Le professeur expliquera que la note de la 2ème corde à vide est la même que celle de la 4ème case en 3ème corde.

Leçon 55: Ici, nous rencontrons le bémol (♭) pour la première fois. On expliquera son effet en précisant qu'il se joue sur la 3ème corde en 3ème case au lieu de la 4ème corde à vide. Voici également, pour la première fois, le demi-barré qui s'effectue en couchant le 1er doigt de la

main gauche à plat sur les trois premières cordes.
Leçon 56: Dans cette leçon, on observera que certaines notes sont butées et d'autres pas.
Leçon 58: Cette leçon est plus facile que la précédente, mais elle se trouve placée ici car l'élève y rencontre la mesure à 6/8 pour la première fois.
Leçon 59: Ici, on ne doit buter aucune note.
Leçon 60: Dans cette leçon, on devra jouer légèrement l'accompagnement de la seconde mesure (Fa et Sol) et jouer plus fort le "Ré" du chant pour qu'il dure toute la mesure. Même remarque pour les mesures 4, 9 et 11. On donnera à cette leçon un mouvement très modéré de valse. Attention aux notes butées.
Leçon 61: Dans la leçon 61, on évitera les mouvements inutiles de la main gauche; par exemple, ne pas ôter le 2ème doigt du "Mi" lors des six premières mesures ou le 3ème doigt du "Fa" dans les trois mesures suivantes. On fera attention au chant qui se trouve ici à la basse, que l'on jouera plus fort que l'accompagnement, en buté ou accentué tout en tenant les notes afin de maintenir le chant. Le tempo est celui d'une valse, moins modéré que celui de la leçon précédente. En butant les notes basses, le pouce devra tomber sur la corde suivante.
Leçon 64: Bien respecter ici les doigtés de main droite ainsi que les notes accentuées ou butées.
Leçon 65: Jouer plus fort et en buté, les notes du chant à l'aigu.
Leçon 66: Ici on observera rigoureusement les indications de notes butées ou accentuées. Pour aller de la 4ème à la 5ème mesure, les doigts 1 et 3 glissent de leurs "Do" aux "Do♯" respectifs sans quitter les cordes.
Leçon 67: Bien porter son attention sur l'emploi des doigts de la main droite et sur l'accentuation des notes du chant.
Leçon 68: On remarquera que les deux "Ré" en octave de la mesure 8 sont joués simultanément.
Leçon 69: Dans cet exercice, certaines notes du chant sont accentuées, d'autres pas. Bien respecter les indications.
Leçon 70: On expliquera ce qu'est l'effet des liaisons de durée, c'est à dire, celles que l'on rencontre entre deux notes de même hauteur.
Leçon 72: Pour la main droite, je recommande particulièrement la pratique de cette leçon. On devra respecter rigoureusement les indications de notes butées ainsi que les doigtés. Dans toute l'étude, les notes "Sol" de la 3ème corde à vide, devront être entendues plus faiblement que celles du chant.
Leçon 73: Le professeur expliquera l'unisson qui se trouve à la mesure 11 où l'on doit jouer en même temps le "Mi" de la 2ème corde et celui de la 1ère. Le pouce jouera butées toutes les notes indiquées par le signe ^ qui devront ressortir plus fort que les autres.
Leçon 76: Le professeur expliquera la façon de jouer le "Ré" en harmonique naturelle qui se trouve à la fin de la leçon. Je suggère de buter avec le pouce au plus près du chevalet, aussi souvent que cela sera possible.

COULES DESCENDANTS

Leçon 77: Dans cette leçon, servant à la pratique des coulés descendants, on montrera comment il faut placer en même temps les deux doigts de la main gauche dans les mesures 2, 3, 5 et 7. En fait, dans les coulés descendants, le doigt qui utilise le plus de force est celui qui maintient la corde afin qu'elle ne glisse pas. Le défaut généralement répandu consiste à exagérer la force utilisée par le doigt qui coule.

COULES ASCENDANTS.

Leçon 78: Pour effectuer les coulés ascendants, le doigt de la main gauche qui produit le coulé devra frapper fortement la corde près de la barrette.
Leçon 79: Voici les coulés en position fixe qui sont un peu plus difficiles; pour chaque mesure il faudra préparer chaque position.
Leçon 80: Coulés en position fixe encore plus difficiles; on préparera les positions pour chaque mesure.
Leçon 82: Dans cette leçon, j'insiste sur le fait qu'il ne faut jamais jouer un coulé descendant dont les deux doigts ne seraient pas placés au préalable.
Leçon 83: Cette étude est très utile pour la main droite dont les doigts p, i et a doivent jouer les cordes en même temps.
Leçon 85: L'élève s'habituera à interpréter cette étude en fonction des indications qui y sont notées. Le chiffre " 0 " désigne la corde à vide.

GAMMES MAJEURES SUR 2 OCTAVES

(Les plus faciles):

Do	majeur
Mi	"
Fa	"
Sol	"
La	"
Si	"

GAMMES MINEURES SUR 2 OCTAVES

(Les plus faciles):

Mi	mineur
Sol	"
La	"
Si	"
Do	"

GAMME CHROMATIQUE DE 3 OCTAVES

Note: L'auteur connaît parfaitement les lois de la théorie qui régissent l'écriture de la gamme chromatique mais a néanmoins souhaité l'écrire ainsi afin de faciliter la lecture aux élèves.

FIN DU PREMIER CAHIER

LES SECONDES LEÇONS DE GUITARE

PROLOGUE

Voici les "Secondes Leçons de Guitare", fruit de l'expérience de ma longue carrière professionnelle (quarante et un ans d'enseignement), auxquelles viendront s'ajouter les "Troisièmes, Quatrièmes et Cinquièmes Leçons" déjà achevées qui se termineront avec les "Sixièmes Leçons" en préparation.
En facilitant ainsi la tâche des professeurs, je pense faire oeuvre utile et je me considérerais satisfait si ces nouveaux cahiers obtenaient le succès des "Premières Leçons".
La guitare a énormément avancé au cours de ces trente dernières années; cela se mesure indubitablement dans l'évolution de sa technique et le nombre croissant de ses adeptes. Aussi ai-je dû moi-même évoluer en ce qui concerne l'enseignement que j'avais reçu auprès de l'insigne Miguel Llobet, lorsque je suis arrivé dans ce pays il y a vingt trois ans.
A maintes occasions, mon imagination se pose sur les souvenirs de ces trente ou trente cinq dernières années et je songe avec affection à ceux de mes élèves qui sont devenus des professionnels de grande valeur tels que Carlos Pellerano, Rodolfo Amadeo Videla, Victoria Testuri et tant d'autres, ainsi qu'Antonio Sinópoli qui est à ce jour un professionnel de renom mérité.
Malgré les progrès qui s'opèrent dans la guitare, la plupart des méthodes d'apprentissage ne sont généralement pas d'accord entre elles et bien qu'il existe de grands ouvrages tels que ceux de Coste, Sor, Aguado et autres, aucun d'entre eux ne permet à l'élève de recevoir un enseignement progressif. A ce propos, il existe dans ces méthodes une somme d'études dont les principes caducs en regard de l'école moderne de Tárrega, ne permettraient pas, si on les ordonnait dans un ordre progressif, de remplir leur fonction sans avoir été modernisés auparavant. Par le passé, nous avions envisagé, mon éminent collègue D. Domingo Prat et moi-même, de nous consacrer à cette tâche mais nos occupations respectives ne nous permirent jamais de mener ce projet à son terme.
On pourra apprécier, à la simple lecture de ces "Secondes Leçons", la minutie excessive qui concerne les doigtés, mais je crois, comme dit le proverbe, que "abondance de bien ne nuit pas" et cela permettra aux professeurs d'économiser leurs propos tout en facilitant ainsi la lecture des études aux élèves.
J'ai tâché de rendre agréable l'apprentissage en proposant des études divertissantes et de caractères complètement variés afin que les élèves trouvent plus d'intérêt à étudier et puissent découvrir des thèmes musicaux aussi divers que possible.
Enfin, j'espère que l'on me pardonnera mon peu de modestie car je crois que la publication de ces nouveaux cahiers apportera une meilleure diffusion de l'étude de la guitare tout en la facilitant.

JULIO S. SAGRERAS
BUENOS AIRES 1933

LES SECONDES LEÇONS DE GUITARE

Leçon 1: Les traits qui sont écrits dans cette étude servent à indiquer que l'on glisse les doigts de la main gauche d'une position à l'autre sans les soulever des cordes ni faire entendre de glissando. Cette manière offre l'avantage de donner à la main des mouvements plus identiques et réguliers en l'obligeant à se déplacer en mouvement parallèle au manche. Ce mécanisme obéit à une simple logique: si le doigt se soulevait pour aller chercher la note suivante ailleurs, il faudrait considérer deux nouvelles données: la case et la corde. En glissant le long de la corde, on ne considère plus qu'une donnée: la case. Il y a ici une autre raison: pour les oeuvres de caractère mélodique et doux, il en résulte un phrasé plus lié et suave.
Leçon 2: Pour jouer cette étude d'octaves, on pourra aussi bien utiliser le pouce et seulement l'index bien qu'il soit préférable de s'en tenir au doigté initial.
Leçon 3: Bien marquer les notes butées et veiller à faire ressortir les notes du chant qui sont indiquées à l'aide d'un accent. On devra retenir l'intensité de l'accompagnement tel que le dernier accord "Do - Mi" de la quatrième mesure ou les deux accords semblables de la huitième mesure.
Leçon 4: Dans cette étude de tierces exécutée uniquement par le pouce et l'index, on fera ressortir davantage le pouce.
Leçon 5: Ici, le chant qui est à la basse devra être entendu plus nettement que l'accompagnement dont on retiendra l'intensité.
Leçon 6: On devra détacher très nettement le chant en accentuant toutes les notes butées et en diminuant également toutes les notes de l'accompagnement. Dans la mesure 17, nous rencontrons l'effet de "campanella" qui consiste à produire un son plus aigu sur une corde inférieure alors que la corde supérieure joue à vide.
Leçon 7: Dans cette étude, on s'efforcera de détacher nettement toutes les notes marquées d'un "^" et, pour que l'effet soit meilleur, on effacera un peu les autres.
Leçon 8: Grâce à cette étude mélodique très facile, le professeur pourra initier l'élève à la délicate interprétation de la mélodie. Dans la seconde partie, le professeur attirera l'attention de l'élève sur la syncope que l'on rencontre dès la troisième mesure, située à la basse que l'on prendra soin de bien faire ressortir tout en estompant les notes de l'accompagnement.
Une des préoccupations de l'élève est de trouver, sur la guitare, l'emplacement des notes qui doivent se jouer en dehors de leur position habituelle; en fait, rien n'est plus facile.
Souvenons nous qu'entre la 1ère et la 2ème corde, il y a une distance de cinq demi-tons ou cases, de la 2ème à la 3ème il y en a quatre, puis cinq cases ou demi-tons entre toutes les autres. Pour trouver une note équivalente sur une corde voisine, il suffit donc d'ajouter le nombre de cases correspondant, par exemple: le "La" de la 1ère corde se trouve à la Vème case. Si nous ajoutons 5, nous obtenons 10 : ce même "La" se trouve à la Xème case de la 2ème corde.
On pourra aussi trouver une note de la 1ère corde sur la 3ème en ajoutant les 9 cases qui séparent ces deux cordes (5 + 4). Pour une note de la 3ème vers la 5ème, on ajoutera 10 (5 + 5).
Afin de faciliter cette recherche, on pourra aussi utiliser l'octave des cordes à vide qui se trouve à la XIIème de la corde inférieure; ainsi le "Fa♯" qui se trouve à la II ème case de la 1ère corde se trouve à la XIème case de la 3ème corde (2 + 9), on ira directement à l'octave de la 3ème corde en XIIème case (Sol) et on descendra à la XIème case pour obtenir le "Fa♯".
Leçon 9: Glisser les doigts entre les positions où se trouvent des traits.
Leçon 11: On doit porter son attention sur les notes butées et sur l'emploi exact des doigts de la main droite qui sont indiqués.
Leçon 12: L'élève devra considérer cette étude comme une sorte de chanson - barcarolle au caractère doux et délicat. Dans la première mesure, l'accord "La-Do♯" sera joué un peu plus fort pour bien durer sur le temps suivant au cours duquel on aura soin de jouer moins fort le "Mi" de la 6ème corde à vide afin de ne pas couvrir l'accord précédent. On procédera de cette manière dans tous les cas identiques. Il conviendra de bien faire ressortir le double-chant dans les mesures 5 et 6.
Leçon 14: Dans l'exécution des coulés descendants, le doigt qui utilise le plus de force est celui qui maintient la corde afin qu'elle ne bouge pas au moment où le doigt supérieur la tire.
On rencontre souvent le défaut inverse, aussi, le professeur en tiendra l'élève informé.
Accentuer soigneusement la première note de chaque coulé.
Leçon 15: On devra jouer lentement cet "Adagio" au caractère mélodique et on fera délicatement chanter la seconde partie en respectant les indications de glissés pour la main gauche.
Leçon 17: On portera toute son attention sur les notes butées et sur l'emploi exact des doigts de la main droite comme il est indiqué.
Leçon 20: On ne dira jamais assez l'importance de faire nettement ressortir les notes du chant tout en retenant les notes de l'accompagnement. Ainsi les deux notes "La♯ - Si" de la première mesure devront être entendues deux fois plus fort que les autres notes de cette mesure. Il importera de bien glisser les doigts de la main gauche, ainsi que l'indique Coste par des traits, tant que l'on ne sera pas obligé de les soulever. On ne devra pas faire entendre ces glissés qui présentent le double avantage de faciliter les mouvements de la main par des déplacements réguliers et parallèles au manche et de n'avoir à se préoccuper que du changement de case et non de corde.
Leçon 21: On jouera plus fort et accentuées toutes les notes du chant qui se trouve ici à la voix intermédiaire.
Dans la mesure 15, les notes "Mi♭" et "Ré" qui sont jouées par le pouce ne portent pas d'accent, on les jouera cependant plus fort que les autres.
Leçon 22: Dans cette leçon, nous découvrons deux sortes de glissés: ceux issus des mordants et ceux provenant des notes ordinaires. Pour les mordants, le glissé sera rapide et la note de conclusion ne sera pas rejouée par la main droite; ainsi dans la première mesure où le "Do♯" est joué par le 2ème doigt qui glisse aussitôt sur la seconde corde pour parvenir au "Mi" que l'on ne rejoue pas. Dans le second cas, le glissé est indiqué entre des notes ordinaires tel que pourra l'observer dans la deuxième mesure entre les notes "Do♯-Mi" vers "Si-Ré", ces dernières étant rejouées par la main droite. Généralement, lorsque le glissé est rapide on ne rejoue pas la note de conclusion, en revanche, si la note de résolution est espacée de la précédente ou est accompagnée d'une ou plusieurs notes, on la rejoue avec la main droite. Selon la respectable théorie de Danhauser, les notes en petits caractères de cette étude devraient se

nommer "appogiature brève" puisque selon cette théorie, le mordant est une double note, mais comme on le nomme mordant ou mordant double selon qu'il comporte une ou deux notes, j'ai adopté ce terme.
Leçon 23: Dans les quatre premières mesures de cette leçon, on jouera les notes bien simultanément sans jamais arpéger en maintenant bien en place les doigts de la main gauche tout en veillant à ne pas gêner les cordes avec la main droite afin de bien laisser sonner les accords dans toute leur durée. Au cours des mesures 5 à 8, on jouera plus fort les notes accentuées en effaçant l'accompagnement. Ces recommandations s'appliquent à toute la suite de l'étude. Cette pièce d'inspiration créole-argentine sera exécutée dans un caractère mélodique et tranquille.
Leçon 25 : On observera ici la plus grande régularité dans l' exécution des arpèges. Bien que plus difficiles pour la main droite, les arpèges descendants du début permettent de conserver une bonne régularité tandis que les arpèges montants de la mesure 5 et suivantes ont tendance à se dégrader à cause de la facilité de la formule employée et de la lassitude éprouvée par la main droite.
Leçon 26: Cette leçon peut être jouée en même temps que l'étude 35 du présent cahier qui sera exécutée par le professeur. Il sera facile pour l'élève de s'initier ainsi au jeu d'ensemble grâce au tempo bien lent de cette leçon.
Leçon 27: On peut jouer cette leçon en duo, conjointement avec le professeur en utilisant pour seconde partie la leçon 17 du 5ème cahier. Le mouvement est celui d'une valse lente.
Leçon 28: On glissera les doigts partout où il y a des traits.
Leçon 29: Accentuer les notes du chant et glisser les doigts lorsqu'ils sont indiqués par des traits.
Leçon 30: Cette leçon est un très bon exercice pour les doigts de la main gauche.
Leçon 31: Ainsi que nous l'avons vu dans la leçon 22, on ne rejoue pas les notes qui découlent de l'appogiature. On jouera simultanément la basse et l'appogiature. Pour les mesures 5, 6, 7, 13, 17, 18, 19, 21 et 28, on préparera les positions de la main gauche afin de parfaire l'exécution des coulés.
Leçon 33: Appliquer les instructions de la leçon 31.
Leçon 34: On respectera, de manière très stricte, les doigtés de la main droite et les notes accentuées à l'aide du signe "^". On prendra soin de diminuer l'intensité des accords de l'accompagnement afin que le chant se détache mieux.
Leçon 35: Cette leçon peut être jouée en duo avec la leçon 26, soit par le professeur, soit par l'élève.
Leçon 36: Dans cette leçon, je recommande de préparer chaque position avant de jouer les coulés. L'appogiature sera attaquée avec vigueur mais sans brutalité et les accords d'accompagnement seront joués très piano afin que le chant se détache bien.
Leçon 37: Pour l'exécution de cet ornement que l'on appelle "mordant", on devra jouer la première note en même temps que la basse qui se trouve sous la note principale du chant. Glisser les doigts partout où il y a des traits.
Leçon 38: Dans cette étude, on doit accentuer l'annulaire qui souligne toutes les notes du chant.
Leçon 39: On portera toute son attention sur les notes accentuées et les indications de glissés pour la main gauche.
Leçon 40: On retrouve dans cette leçon l'effet de "campanella" que nous avons déjà rencontré dans la leçon 6, produit ici entre les notes "Si", "Sib" et "La", sur la 4ème corde, et le "Sol" de la 3ème corde à vide; puis entre le "La" de la 2ème corde et le "Mi" de la 1ère corde à vide. Cet effet est produit en jouant ensemble ou isolément une série de notes dont une aigüe se trouve sur une corde inférieure et une ou plusieurs autres à vide.
On devra respecter attentivement les doigtés de la main droite pour cet effet de "campanella" notamment pour les notes "Si, Sib et La" du début, qui sont jouées avec le pouce.
Leçon 41: Dans cette étude, l'effet de "campanella" se produit sur des notes successives comme dans les triolets des mesures 22 à 23 et 30 à 31 où la note "Fa" jouée en 2ème corde est immédiatement suivie du "Mi" de la 1ère corde à vide.
Leçon 42: On devra respecter strictement les indications de glissés que j'ai méticuleusement écrites à l'aide de traits dans cette leçon de tierces avec coulés.
Leçon 43: Dans cette étude de tierces et sixtes, on utilisera les mêmes instructions que celles de la leçon précédente.
Leçon 44: L'élève trouvera probablement divertissante cette étude en forme de danse orientale où l'on rencontre des harmoniques à l'octave pour la première fois. Je laisse au professeur le soin d'en expliquer la technique.

FIN DES SECONDES LEÇONS DE GUITARE

LES TROISIEMES LEÇONS DE GUITARE

PROLOGUE

Ainsi que je l'ai exprimé dans le prologue des "Secondes Leçons", le présent ouvrage est le fruit que la pratique de quarante et une années d'enseignement m'a donné de recueillir et, comme je l'ai dit auparavant, seront publiées aussitôt les "Quatrièmes Leçons" et les "Cinquièmes Leçons" qui, comme leur nom l'indique, sont la continuation progressive de ce cahier.
Je tiens également en préparation les "Sixièmes Leçons" qui concluront les précédents cahiers en une méthode moderne et complète.
Je crois indubitable que la difficulté progressive des études contenues dans mes méthodes économisera du travail aux professeurs qui enseigneront l'instrument sans plus avoir à sauter de leçons, comme on doit le faire dans les méthodes actuelles et, de plus, la notation minutieuse des doigtés de chaque main est toujours un soulagement dans la tâche du professeur.

JULIO S. SAGRERAS

Leçon 1: Dans cette leçon, je recommande de préparer, dans chaque mesure, les positions de la main gauche aussi complètes que possible notamment dans les mesures 3, 4, 5, et 6. On devra maintenir une régularité absolue dans le tempo et on fera entendre les notes résultant des coulés avec autant de force que les autres. Cette leçon est très bonne pour chaque main. On accentuera bien les notes initiales des coulés.
Leçon 2: Dans cette étude, nous découvrons un accord peu utilisé dans le répertoire: la 6ème corde en "Ré" et la 5ème corde en "Sol". On gardera à l'esprit que toutes les notes jouées sur ces cordes se trouvent donc deux cases plus haut que d'habitude. Dans la mesure 8, on observera l'indication de trait entre le "Fa" et le "Mi" qui commande de ne pas soulever le doigt de la corde entre ces deux notes; on jouera cependant chaque note comme l'indique le doigté de la main droite. Dans la mesure 20, on portera son attention sur les doigtés de la main droite.
Leçon 3: Observer rigoureusement les indications pour les doigts de la main droite et exécuter cette étude délicatement et de manière bien expressive.
Leçon 4: J'ai souhaité inclure dans ce cahier une étude que l'on nomme généralement "trémolo". Comme on le verra, le doigté initialement indiqué est "i, m, i" mais on pourra également utiliser "i, a, i" ou "a, m, i"; la première exécution offrant un résultat bien sonore dans un mouvement mélodique pas très léger, et la dernière apportera une plus grande rapidité pour une sonorité moins puissante. On observera, de toute façon, la plus grande régularité pour chaque mouvement.
Leçon 5: Dans cette étude, on respectera les doigtés de la main droite ainsi que les annotations de glissés pour la main gauche. On observera également les notes portant l'indication de "^" que l'on jouera avec vigueur mais sans brutalité , en les butant comme nous l'avons expliqué lors des leçons précédentes. Le buté effectué, on pensera à retirer immédiatement le doigt de la corde suivante.
Leçon 6: Cette étude est écrite dans le style de "Ranchera" (sorte de Mazurka) et comporte des coulés de trois notes. On observera bien les indications de glissés pour les tierces de la seconde partie ainsi que toutes les notes accentuées. On veillera à maintenir fermement le doigt initial de chaque coulé pour le réaliser correctement dans la partie descendante.
Leçon 7: Cette étude est particulièrement profitable pour la main droite.
Leçon 8: On donnera plus de force aux notes initiales de chaque coulé en veillant par ailleurs à diminuer la sonorité de l'accompagnement.
Leçon 9: Convenant particulièrement à la main droite, on exécutera cette étude en jouant les doigts p, i et a bien ensemble, sans arpéger. On ne rencontrera aucune note butée et on pensera à bien conserver et glisser les doigts de la main gauche partout où il est inutile de les ôter.
Leçon 10: Dans la leçon 44 du second cahier nous avons appris comment produire les harmoniques à l'octave dans les basses; je peux dire que j'ai élaboré cette technique selon celle du grand maître Tárrega puisqu'il y a environ trente cinq ans, on n'exécutait pas ces sons comme je l'ai expliqué, mais ainsi: - l'index de la main droite touchant la corde à l'endroit indiqué par le chiffre romain, c'est le pouce qui joue la corde en se trouvant sous l'index ce qui est très incommode puisqu'il est alors obligatoire de modifier la position de la main droite pour l'exécution. On veillera à préparer soigneusement les positions de la main gauche autant qu'il sera possible et ainsi débarrassé de ce souci, on pourra concentrer davantage son attention sur l'emplacement où la main droite doit situer le pouce; dans la case indiquée par le chiffre romain. Après avoir produit le son, je recommande que le doigt de la main droite quitte bien la corde afin de la laisser vibrer alors que le doigt de la main gauche qui maintient la note restera bien en place pour ne pas risquer d'interrompre l'harmonique. Toutes les basses sont ici en harmoniques.
Leçon 11: Harmoniques des notes aigües: On prépare les positions de la main gauche ainsi que l'on doit toujours le faire autant que possible, on place ensuite l'index de la main droite sur la corde au lieu indiqué par le chiffre romain et on joue cette même corde avec l'annulaire. Dans la cas où l'on doit jouer une basse en même temps que l'harmonique, on utilise alors le pouce pour la basse ainsi que nous pouvons le rencontrer dès la première mesure de cette étude. Je conseille une fois encore de ne pas étouffer l'harmonique en ôtant les doigts de la main gauche ou en touchant la corde de la main droite. Lorsque l'accompagnement est seul, comme dans la seconde mesure, on jouera assez doucement pour bien faire entendre l'harmonique dans toute sa durée. Tout le chant est en harmoniques.
Leçon 12: Cette étude est particulièrement écrite pour pratiquer l'attaque de deux cordes par le pouce de la manière suivante : pour jouer le "Mi" de la 6ème corde avec le "Mi" de la 5ème (première mesure), le pouce de la main droite touche la 6 ème corde avec le côté gauche en prenant peu de corde et glisse ensuite aisément sur les 6ème et 5ème cordes le plus vite possible pour aller buter sur la 4ème. En procédant de même pour les 5ème et 4ème cordes, le pouce ira buter sur la 3ème. Dans les mesures 9, 11 et 14, le pouce doit jouer les cordes 6, 5 et 4; il ira donc buter naturellement sur la 3ème. Le chant se trouvant à la basse, on veillera à le faire sonner nettement en jouant les basses assez fort sans déranger la résonance des cordes tout en jouant plus doucement les accords de l'accompagnement.
Leçon 13: Peu utilisé dans le répertoire de la guitare, nous découvrons ici l'intervalle de dixième que j'ai tout de même tenu à présenter à titre d'exercice. Dans les mesures 9, 10, 13 et 14, on rencontre l'appogiature brève suivie d'un accord. On procède de la manière suivante: le "Fa" est joué en même temps que le "Fa" de la 4 ème corde et le "Do" de la 3ème puis le "Fa" effectue un coulé de la main gauche pour faire entendre le "Mi".
Leçon 16: Je redirai de nouveau l'avantage qu'il y a pour l'élève de glisser les doigts de la main gauche le long des cordes tant que cela est possible sans les lever lors des changements de position. Cependant il arrive parfois que les doigts ne doivent pas glisser entre les notes voisines et, pour éviter toute confusion au sujet des notes unissant des notes de même doigté, je vais donner des explications indispensables pour cette étude: dans le deuxième triolet de la seconde mesure, le deuxième doigt du "Fa♯" glissera au "La" qui est la première note de la mesure suivante. On procédera ainsi pour le "La" du deuxième triolet de la troisième mesure vers le "Do♯" de la mesure suivante. Même pratique pour le "Do♯" du second triolet de la quatrième mesure qui va au "Mi" de la mesure suivante. Le même cas se présente aux mesures 10, 11 et 12. On observera rigoureusement les doigtés indiqués et on portera toute son attention sur les traits horizontaux reliant les notes de doigtés identiques.
Leçon 19: Dans cette étude, on préparera toutes les notes pour les coulés descendants chaque fois que cela sera possible ainsi dans la première mesure où le coulé recommande une exécution très rapide. Dans cette mesure, on placera les 1er, 2ème et 4ème doigts ensemble sur "La", "Sib" et "Do" ce qui permettra de jouer le coulé. On procédera de la même manière dans les mesures 5 et 9 en veillant à donner plus de force à la première note afin que le coulé sonne bien. On pensera à bien faire ressortir le chant en veillant à jouer l'accompagnement plus doucement; ainsi, dans la mesure 2, les deux premiers temps sont joués fort et le troisième plus doucement. Ceci est valable pour tous les cas semblables. Généralement, on reconnaîtra aisément les notes du chant qui sont écrites à l'aigu avec la hampe vers le haut sauf quand le chant se trouve à la basse.
Leçon 20: Placés sur des accords en positions fixes, les coulés rendent cette étude un peu difficile d'exécution; on veillera à ne pas la jouer dans un mouvement trop rapide.
Leçon 21: Cette étude est écrite pour être jouée en duo avec l'étude 31 du 5ème cahier afin de travailler le jeu en ensemble. Lorsque l'élève sera plus avancé, on pourra intervertir les rôles de chacun.
Leçon 22: On observera le plus rigoureusement possible un mouvement régulier en surveillant la main droite.
Leçon 23: Porter toute son attention sur les indications de doigtés et les notes accentuées.
Leçon 24: Cette leçon comporte des coulés et des glissés en notes simples ou doubles. J'ai porté des indications de buté pour les notes simples seulement car il est impossible de le faire avec deux notes, surtout situées sur des cordes voisines. Dans l'avant-dernière mesure, le gruppetto en quintolet et sa note de conclusion constituent un coulé de six notes que l'on exécutera en préparant le "Ré" et le "Do" de la main gauche tout en maintenant fermement le premier doigt qui prépare la dernière note alors que les second et troisième jouent respectivement le "Ré" et le "Mi".
Leçon 25: Cette étude ne présente que la difficulté d'être dans la tonalité de Do mineur, ce qui oblige un effort de lecture et l'utilisation constante de barrés. On jouera tranquillement cette étude dans un tempo de valse lente.
Leçon 26: On obtiendra d'excellents résultats en pratiquant cette étude bénéfique pour chaque main. Dès la première mesure, on préparera le "Mi" de la 4ème corde qui intervient seulement à la troisième mesure: le second doigt placé sur le "Do♯" de la 2ème corde, le 1er couvrant en même temps le "La" de la 3ème corde et le "Mi" de la 4ème en arc-boutant la première phalange; cela permet d'éviter des mouvements inutiles tout en autorisant le 4ème doigt à atteindre plus facilement le

"Do♯" de la 5ème corde.

Leçon 27: On conservera le plus possible la régularité du mouvement dans cet arpège qui est un très bon travail pour la main droite.

Leçon 28: Dans cette étude de gruppetti en coulés, on préparera les doigts de la main gauche sur toutes les notes qui sont, pour les mesures 1, 3, 5 et 9: "Si - La - Sol♯" et pour les mesures 11 et 19: "La - Sol - Fa♯". Dans la mesure 22, il n'est pas utile de rejouer le "Si" à l'aide de la main droite car le son du glissé suffit à sa brièveté. On veillera à bien étouffer les deuxième et troisième temps de l'accompagnement afin de bien effectuer les demi-soupirs qui suivent les croches.

Leçon 29: Nous rencontrons dans cette étude le trille, peu utilisé dans le répertoire original de la guitare mais plus fréquent dans les transcriptions inspirées du violon ou du piano. Pour son exécution, on préparera, comme dans la première mesure, le "La" avec le deuxième doigt alors que le quatrième viendra frapper plusieurs fois le "Si" en produisant la note du "La" à chaque fois qu'il quittera la corde. Le nombre de mouvements exécutés sera en proportion de la durée de la note principale et du tempo choisi. On jouera cette étude bien lentement tout en conservant le trille le plus rapide possible.

Leçon 30: Bien observer les doigtés et les accentuations.

Leçon 31: Dans la mesure 12 de cette leçon, on trouve une gamme jouée avec le pouce mais comportant également une indication de doigtés avec i et m ; cela signifie que l'on pourra choisir l'une ou l'autre formule. Je suis d'accord avec la tendance de l'école moderne qui élimine pratiquement le pouce dans l'exécution des gammes mais cela n'interdit pas de l'employer pour de courtes gammes en évitant ainsi un changement de position trop important pour la main droite. Quelque soit le doigté que l'on aura choisi, on tâchera de jouer le "Fa" de la mesure suivante avec le pouce.

Leçon 32: Buter soigneusement les premières notes de chaque coulé et respecter rigoureusement les indications de doigtés.

Leçon 34: Suivre les indications de doigtés pour chaque main. Autant que cela sera possible, on veillera à préparer les positions de la main gauche pour éviter les mouvements inutiles. Dans la mesure 1, on laissera placé le "Si" de la 5ème corde; dans la mesure 2, le "Mi" de la 5ème et le "Si" de la 3ème ainsi que le "Sol" de la 4ème et le "Mi" de la 2ème; dans la mesure 5, le "Ré♯" de la 4 ème et le "Sol♯" de la 3ème, etc.

Leçon 35: Dans cet exercice on rencontre le chant de manière inhabituellement irrégulière ce qui est la conséquence d'un effet que je juge intéressant. On observera rigoureusement les indications de doigtés pour chaque main et, autant qu'il sera possible on veillera à glisser les doigts de la main gauche.

Leçon 36: Dans cette étude de tierces, quartes et sixtes, on veillera à suivre les indications de glissés pour les doigts de la main gauche.

Leçon 37: Dans cette étude de coulés retardés, on jouera une ou plusieurs notes entre les deux sons du coulé. Pour les coulés descendants, on préparera les deux notes concernées afin de les exécuter aisément; ainsi, dans la première mesure, on préparera le "Do" et le "Si" avant de jouer; dans la deuxième mesure, on préparera le "Sol" et le "Fa" etc. Pour les coulés ascendants, le doigt de la main gauche qui joue la seconde note devra frapper la corde près de la barrette assez fermement pour que la note soit entendue nettement.

FIN DU TROISIEME CAHIER

Translated by Michel Savary
© *1996 by Guitar Heritage Inc.*

JULIO SAGRERAS GITARRENSCHULE

Vorwort des Verlegers

Wir freuen uns, Ihnen eine der anerkanntesten Schulen für Klassische Gitarre vorstellen zu können. Auf der ganzen Welt haben mehrere Generationen von Gitarristen ihr Instrument anhand der Übungshefte von Julio S. Sagreras erlernt. "Das erste Übungsheft" für Gitarre, eines der wichtigsten Instrumentalschulen im nicht europäischen Raum, erschien zum erstenmal 1922 in Buenos Aires bei Romero und Fernández. Im selben Jahr wurde auch die "Fortgeschrittene Gitarrentechnik" dieses Verfassers herausgegeben.
Anfang der dreißiger Jahre veröffentlichte Ricordi Americana in Buenos Aires erneut die "Fortgeschrittene Gitarrentechnik", diesmal mit neuen Druckplatten, sowie eine erweiterte Ausgabe des Bandes "Erstes Übungsheft". 1934 erschienen fünf weitere Bände. Damit war die aus sechs Heften bestehende Schule, in Ihrer uns heute bekannten Form, vervollständigt. Die Schule war dermaßen beliebt, daß die Hefte mehrmals neu aufgelegt werden mußten.
Der Verleger der vorliegenden Ausgabe hält es jetzt für angebracht, die vollständige Schule und die "Fortgeschrittene Gitarrentechnik", diesmal in zwei mehrsprachigen Bänden, neu zu veröffentlichen. Hierbei wurden die modernsten Drucktechniken angewandt. Der spanische Originaltext blieb unangetastet. Bei den Übersetzungen wurde dessen Stil berücksichtigt. Der Notentext blieb ebenfalls unverändert. Es wurden lediglich einige offensichtliche Fehler berichtigt und wiederkehrende Fingersätze ausgelassen. Wir haben die Barrégriffe mit einem C (gefolgt von einer Römischen, anstatt einer Arabischen Zahl) angegeben, weil uns diese Schreibweise deutlicher zu sein schien. Das Zeichen C ist neu eingeführt und bedeutet Halbbarré, bsw. Barrégriff über zwei bis drei Saiten.
Wir glauben, daß die Übungshefte von Julio S. Sagreras, als eine lehrreiche und unterhaltsame Schule für den Gitarrenunterricht, auch in Zukunft Geltung haben werden.

Guitar Heritage Inc., 1996

JULIO SAGRERAS ERSTES ÜBUNGSHEFT FÜR GITARRE

An den Lehrer:

Vorwort

In meiner dreißigjährigen Unterrichtspraxis im Fach Gitarre bin ich mehrmals mit den Schwierigkeiten, die die Anwendung vorhandener Gitarren-Schulen für den Anfänger darstellt, konfrontiert worden. Die Probleme entstehen dadurch, daß die Schulen mangelhaft und für viele Schüler zu schwierig beginnen, weil die ersten Etüden nicht nach Schwierigkeitsgrad geordnet sind und dem Schüler große Anstrengungen abverlangen bis sie die erforderlichen Noten auf dem Instrument gefunden haben. Nun habe ich mich dazu entschlossen diese Arbeit, die ich bereits vor einiger Zeit beendet habe und bei den Schülern, die ohne Vorkenntnisse zu mir kamen mit vollem Erfolg in die Praxis umsetzen konnte, zu veröffentlichen. Ich bin daher sicher, daß diese Schule den Lehrern die Arbeit erleichtern wird. Vielleicht wird der Eindruck erweckt daß ich jeweils am Anfang zu sehr ins Detail gehe und mich zu oft wiederhole. Ich glaube jedoch, daß dies bei manchen Schülern nicht schaden kann. Außerdem können diese Wiederholungen ohne weiteres vermieden werden, indem man dem Schüler mehrere Etüden auf einmal

---

aufgibt oder sogar solche, die man für unwichtig hält, ausläßt. Allerdings sollten hierbei die intellektuellen Fähigkeiten jedes einzelnen Schülers immer berücksichtig werden.
Es empfiehlt sich, dem Schüler den angelegten Anschlag beizubringen ("acentuar las notas" = Betonen der Noten: Tárrega-System*). Hierbei schlagen Zeige-, Mittelund Ringfinger die Saite, zunächst mit der Kuppe und dann mit der Nagel (der kurz sein sollte) an, und bleiben danach jeweils auf der nächsttieferen Saite liegen. Dies ist der sogenannte "angelegte Anschlag" und wird mit dem folgenden Zeichen ^ angegeben. In meinem Buch "Fortgeschrittene Gitarrentechnik" erläutere ich dieses Thema ausführlicher. Der Lehrer sollte außerdem dem Anfänger nahelegen, die unten angegebenen Erklärungen zu lernen.

An den Schüler:
Folgendes sollte auswendig gelernt werden:

Linke Hand

Zeigefinger	-1;
Mittelfinger	-2;
Ringfinger	-3;
kleiner Finger	-4.

Der Daumen wird nicht benutzt.
Die Finger der linken Hand müssen die Saite mit der Kuppe, das erste Fingerglied wie zu einem Hammer gebeugt und so nahe wie möglich am Bundstab, drücken.

Rechte Hand
Die Finger der rechten Hand werden mit dem Anfangsbuchstaben des jeweiligen Fingers bezeichnet:

"Pulgar" (Daumen)	- p;
"Indice" (Zeigefinger)	- i;
"Mayor" (Mittelfinger)	- m;
"Anular" (Ringfinger)	- a.

Solange es nicht unbedingt notwendig ist, wird der kleine Finger nicht benutzt (Der Autor gebraucht niemals den kleinen Finger).
Die Null zeigt eine leere Saite an.
Das Zeichen ^ bedeutet angelegter Anschlag: Hierbei bewegt sich der Finger der rechten Hand nach hinten, berührt die Saite zunächst mit der Kuppe, dann mit dem Nagel (der eher kurz sein sollte), und bleibt schließlich nach dem Anschlag auf der nächsttieferen Saite liegen.
Zahlen in Klammern oder in einem Kreis stehen für die Saiten: z.B. bedeutet eine drei in Klammern (3), daß die Note auf der dritten Saite gespielt werden sollte. Sinngemäß gilt das Gleiche auch bei (1), (2), (4), (5) und (6).
Die großen Zahlen mit einem angehängten "a" deuten auf Barré- bzw. Quergriff hin. So ist z.B. eine große 5 mit angehängtem "A" gleichbedeutend mit Barrégriff im fünften Bund.

Zusammenfassung:

1. Zahlen bezeichnen die Finger der linken Hand.
2. Zahlen in Klammern oder in einem Kreis bezeichnen die Saiten.
3. Die großen Zahlen mit einem angehängten "A" stehen für Quer- bzw. Barrégriff.
4. Das Zeichen ^ bedeutet angelegter Anschlag.
5. Die Null bezeichnet leere Saiten.

[*Anmerkung des Übersetzers: der Autor wendet immer wieder den Begriff "acentuar" (betonen) an, obwohl er, wie aus dem Vorwort zu erkennen ist, den Begriff "apoyar" (anlegen) meint. Ich übersetze "acentuar" mit "betonen", um dem Text treu zu bleiben. Man sollte sich daher am Besten nach dem "Betonungszeichen" ^ richten, um zu wissen, wann angelegter bzw. freier Anschlag anzuwenden ist.]

ERSTES ÜBUNGSHEFT GITARRE VON JULIO SAGRERAS

Nr.1: Vor etwa zwanzig Jahren sprach ich mit meinem verehrten Kollegen, dem großen Gitarristen Miguel Llobet. Ich fragte ihn, was er einem Anfänger als erstes beibringen würde. Er antwortete, er ließe wiederholt die leeren Saiten spielen, mit dem Ziel, die Finger an den Anschlag zu gewöhnen. Es sei dabei unwichtig, daß der Schüler nicht wüßte, welche Töne er erzeugte. In meinen Augen ist dies tatsächlich die beste Methode, denn man sollte bedenken, wie schwierig diese erste Unterrichtstunde ist, in der dem Schüler die gute Haltung der Gitarre beigebracht wird.
Nr.2: Man sollte den Schüler darauf aufmerksam machen, daß sich die gestrichelte Linie neben der Zahl im Kreis auf die Saite bezieht. Infolge dessen, müssen die darauffolgenden Noten alle auf eben dieser Saite gespielt werden.
Nr.2-8
Tonleiterabschnitt 1, vom C der 5. Saite bis zum G der 3.Saite.
Nr.9-15
Tonleiterabschnitt 2, vom G der 3.Saite bis zum C der 2.Saite.
Nr.16
Die ersten beiden Tonleiterabschnitte zusammengesetzt.
Nr.17-23
Tonleiterabschnitt 3, vom C der 2.Saite zum G der 1.Saite.
Nr.24
Die drei ersten Tonleiterabschnitte zusammengesetzt.
Nr.25-30
Tonleiterabschnitt 4, vom G der 6.Saite zum D der 4.Saite.
Nr.31-35
Tonleiterabschnitt 5, vom E der 6.Saite zum H der 5.Saite.
Nr.36
Alle Tonleiterabschnitte zusammengesetzt.
Nr.37: Chromatische Tonleiter (2 Oktaven).
Anmerkung: Bei der Notation der folgenden chromatischen Tonleiter ist bewußt auf die strikte Einhaltung der diesbezüglichen Regeln verzichtet worden, um dem Schüler die Arbeit zu erleichtern. Folglich wird hier lediglich beabsichtigt, dem Anfänger die Wirkung des Kreuzvorzeichens (♯) zu zeigen.
Nr.38: Bei dieser Übung spielt der Daumen der rechten Hand zum ersten Mal: mit ihm werden die Baßsaiten angeschlagen. Hierbei werden sie jeweils nur leicht mit der Seite des Daumens berührt, in Richtung der ersten Saite und leicht aufwärts. Diese Übung dient auch dazu, die Noten in den verschiedenen Oktaven zu lernen. Ab dieser Übung werden die Namen und die Lage der Noten mit Absicht ausgelassen.
Nr.39: Diese Übung ist ähnlich wie die vorangegangene, aber weiterführend und interessanter, weil der Schüler hierdurch allmählich das Zusammenspiel von Baß- und Oberstimme, mit Betonung der Letzteren, lernen kann. Deswegen sollte er sie sehr genau üben, indem er die Finger der rechten Hand vor jeder Bewegung vorbereitet und die Baßsaiten nur leicht mit dem Daumen anschlägt. Auf diese Weise kommt die tiefe Saite schneller zum Schwingen und die hohe kann ohne Schwierigkeit betont werden.
Nr.40: Bei der folgenden Übung spielen zum ersten Mal drei Finger der rechten Hand in gleichbleibender Reihenfolge (Daumen, Zeige- und Mittelfinger). Die Finger der linken Hand bereiten den vollständigen Griff jeweils im voraus, welcher dann bis zum Taktstrich unverändert bleibt. Bei dieser Übung wird keine Note betont.
Nr.41: Diese Übung ist wie Nr.40, mit dem kleinen Unterschied, daß nur Zeige- und Mittelfinger zusammen, in einer Bewegung zur Handfläche hin, die Saiten anschlagen.
Nr.42: Der Schüler hat bereits bei der Übung Nr.37, das Einüben der chromatischen Tonleiter, die Wirkung des Kreuz-

vorzeichens(♯) kennengelernt. Da es aber hier zum ersten Mal innerhalb einer Etüde vorkommt, ist es angebracht, wenn der Lehrer die Erklärung hierzu wiederholt.
Nr.43: Bei dieser Übung wird der Ringfinger der rechten Hand zum ersten Mal in Verbindung mit Daumen, Zeige- und Mittelfinger eingesetzt. Der angegebene Fingersatz sollte deshalb genau befolgt werden. Die Finger der linken Hand greifen die Noten nacheinander, gemäß ihrem Erscheinen im Notenbild. Diese Übung dient auch dazu, die Noten drei verschiedener Oktaven zu lernen.
Nr.44: Zerlegungen In dieser Übung wird zum ersten Mal ein aufgesetzt bleibender Griff der linken Hand vorgestellt. Ebenso neu ist die Tatsache, daß lediglich der Ringfinger der rechten Hand die Noten betont, die hier alle auf der ersten Saite liegen. Ab dieser Übung sollte der Lehrer vom Schüler verlangen, daß dieser die Klangintensität differenziert und behutsam anwendet, denn die Noten auf der ersten Saite sollen zwar deutlich, jedoch ohne Gewalt hervorgehoben werden.
Nr.45: Akkorde Bei dieser Übung kommen erstmals Akkorde vor. Es empfiehlt sich, daß der Schüler die Akkorde zunächst eher leise spielt und dabei die Saiten nur leicht mit der Kuppe berührt. Die Bewegung der Finger erfolgt immer in Richtung der Handfläche.
Nr.46: Die Anweisungen zur Übung Nr.44, bezüglich der Klangintensität bei den Noten der ersten Saite, gelten im gleichen Maße für Übung Nr.46. Der Lehrer sollte den Schüler darauf aufmerksam machen, daß die Zahl 3 über den Noten Triolen anzeigt. Die Zahlen haben nichts mit den Zahlen zu tun, die die Finger der linken Hand bezeichnen.
Nr.47: Gleiche Anweisungen wie zur Übung Nr.45.
Nr.48: Hier gelten die gleichen Anweisungen bezüglich der Klangintensität wie sie bereits für die Übungen Nr.44 und 46 empfohlen wurden.
Nr.49: Bei dieser Übung gehen wir zum ersten Mal in die zweite Lage, da nun das "A" der ersten Saite im fünften Bund vorkommt. Der Wechsel von der ersten Lage im vierten Takt zur zweiten Lage im fünften Takt sollte auf folgende Weise geübt werden: Man hebe den zweiten Finger, der das "A" der dritten Saite greift und gleite mit dem ersten Finger vom "C" zum "Cis", ohne ihn dabei von der Saite zu heben. Dieses Gleiten nennt man "Portamento" und wird mit den folgenden Zeichen angegeben: ——
oder ⌐¬ .
Nr.51: Diese vierstimmigen Akkorde sollten zunächst leise angeschlagen werden. Die rechte Hand wird nach jedem Akkord leicht angehoben. Zeige-, Mittel- und Ringfinger bewegen sich in Richtung der Handfläche und der Daumen zum Zeigefinger hin, bis er diesen berührt.
Nr.52: Neu bei dieser Übung ist das Zusammenspiel von Baß- und betonter Oberstimme. Hat der Schüler hierbei Schwierigkeiten, so sollte er die beiden Noten zunächst arpeggieren, das heißt, den Baß kurz vor der Oberstimme anschlagen, wie er es bereits bei der Übung Nr.39 gelernt hat.
Nr.53: Die Noten auf der ersten Saite müssen bei dieser Übung lauter und betont gespielt werden. Sollte der Schüler Schwierigkeiten haben, das G der sechsten Saite mit dem dritten Finger zu greifen, so kann er an dessen Stelle auch den zweiten Finger nehmen, so wie es Aguado fast immer zu tun pflegte. Es empfiehlt sich, den Schüler auf das Kreuz-Vorzeichen am Notenschlüssel hinzuweisen.
Nr.54: Bei dieser Übung wird das H der dritten Saite zum ersten Mal angewandt. Der Lehrer sollte dem Schüler erklären, daß der Ton, der im vierten Bund der dritten Saite erzeugt wird, und die leer gespielte zweite Saite die gleiche Note ergeben.
Nr.55: Hier kommt zum ersten Mal ein B-Vorzeichen (♭) vor. Der Lehrer sollte dem Schüler dessen Wirkung erklären und ihn darauf hinweisen, daß das "B" der dritten Linie im Notensystem (= H mit ♭) im dritten Bund der dritten Saite gegriffen wird, und nicht gleich der zweiten leeren Saite ist.
Ebenso neu ist die Anwendung eines halben Barrégriffes. Hierbei wird der erste Finger der linken Hand bis zur dritten Saite gestreckt und mit ihm auf die ersten drei Saiten Druck ausgeübt (* 6.Takt - Halbbarré im dritten Bund).
Nr.56: Man beachte bei der folgenden Übung, daß manche Noten betont werden, andere jedoch nicht.
Nr.58: Diese Übung ist einfacher als die vorangegangene. Dennoch setzte ich sie erst an diese Stelle, weil der Schüler hier zum ersten Mal einen 6/8 Takt spielen muß.
Nr.59: Bei dieser Übung wird keine Note betont.
Nr.60: Hier sollte der Schüler die Begleitung im zweiten Takt (f/g) leicht, und dafür das "D" der Oberstimme kräftig anschlagen, damit diese bis zum Taktende, und somit ihrem Wert entsprechend, nachklingen kann. Das gleiche gilt für den vierten, und für den zweiten und vierten Takt im zweiten Teil. Diese Übung sollte ähnlich einem Walzer gespielt werden. Man achte genau auf die Noten, die betont werden müssen.
Nr.61: Bei der Übung Nr.61 muß der Schüler unnötige Bewegungen mit der linken Hand vermeiden: z.B. sollte der zweite Finger, der das "E" der vierten Saite greift, die ersten sechs Takte lang aufgesetzt bleiben; der dritte Finger auf dem "F" derselben Saite die nächsten drei Takte lang aufgesetzt bleiben, usw. Man beachte auch, daß die geforderte Klangintensität bei den verschiedenen Stimmen hier anders als sonst verteilt werden muß, weil die Melodie nun im Baß liegt. Deshalb sollte die Baßstimme lauter als die Begleitung gespielt werden. Die Baßtöne müssen betont und ihrem Wert entsprechend gehalten werden. Der Daumen bleibt nach dem Anschlag auf der nächsthöheren Saite liegen.
Der Walzertakt sollte bei dieser Übung etwas stärker ausgeprägt sein als bei Übung Nr.60.
Nr.64: Bei der nächsten Übung sollte der Lehrer darauf achten, daß der Schüler den angegebenen Fingersatz für die rechte Hand genau einhält, und alle Noten mit folgenden Zeichen ^ betont, bzw. anlegt.
Nr.65: Die Noten der Oberstimme bilden hier die Melodie und müssen deswegen lauter gespielt und betont werden.
Nr.66: Auch bei der Übung Nr.66 sollte der Lehrer darauf achten, daß der Schüler den angegebenen Fingersatz für die rechte Hand genau einhält, und die Noten mit diesem Zeichen ^ betont, bzw. anlegt.
Beim Übergang vom vierten zum fünften Takt gleiten der erste und dritte Finger der linken Hand, die jeweils das "C" der zweiten und der fünften Saite greifen, über die Saiten bis zum "Cis" im zweiten, bzw. vierten Bund. Die Finger werden hierbei nicht von der Saite gehoben.
Nr.67: Der Schüler sollte im Bezug auf die rechte Hand darauf achten, daß die Melodiestimme betont werden muß.
Nr.68: Bei dieser Übung kann der Lehrer bzw. der Schüler selbst entscheiden, ob er mit dem Daumen anlegt oder nicht. Das "D" im achten Takt bildet jedoch eine Ausnahme, da es zusammen mit dem "D" der zweiten Saite gespielt wird und letzteres angelegt werden muß. Infolgedessen muß der Daumen an dieser Stelle frei anschlagen.
Nr.69: Bei der Übung Nr.69 sollen nicht alle Noten der Melodiestimme betont werden. Man beachte daher genau die Betonungszeichen ^.
Nr.70: Der Lehrer sollte Bedeutung und Wirkung des Haltebogens, das heißt, des Bogens zwischen zwei gleichen Noten, erklären.
Nr.71: Ich möchte diese Übung für die rechte Hand ganz besonders empfehlen. Man achte genau auf den angegebenen Fingersatz und auf die Betonungszeichen ^. Das "G" der dritten, leeren Saite soll über die ganze Übung hindurch sehr leise angeschlagen werden.
Nr.73: Der Lehrer sollte dem Schüler erklären, daß das "E" im fünften Bund der zweiten Saite, und das "E" der ersten leeren Saite im Takt 11 zusammen gespielt werden müssen. Außerdem sollte er darauf achten, daß der Schüler die Noten mit dem Betonungszeichen ^, die viel lauter als die anderen klingen müssen, mit angelegtem Daumenschlag spielt.
Nr.74: *(Dritte Zeile, letzter Takt = Halbbarré im fünften Bund)
(Vierte Zeile, letzter Takt = Halbbarré im fünften Bund)
Nr.76: Der Lehrer sollte dem Schüler erklären, wie er die letzte Note bei Übung Nr.76, nämlich das natürliche Flageolett vom D der vierten Saite, spielen soll. Ich rate dazu, wenn immer möglich, die Flageolettöne mit angelegtem Daumenschlag und nahe am Steg anzuschlagen.
Nr.77: Abziehbindungen Bei Nr.77 sollen Abziehbindungen geübt werden. Der Schüler sollte lernen, die zu bindenden Töne im zweiten, dritten und fünften Takt vorzubereiten, das heißt, Greif- und Abziehfinger zusammen aufzusetzen.
Nr.78: Aufschlagbindungen
Der Finger der linken Hand, der die Bindung erzeugt, muß mit Bestimmtheit, nahe am Bundsteg aufschlagen.
Nr.79: Aufschlag- und Abziehbindungen
Der Finger, der den tieferen Ton erzeugt, bleibt aufgesetzt.
Anmerkung: Bei den Abziehbindungen muß der Greif- und nicht der Abziehfinger den Druck ausüben. Der Greif-Finger, der Finger also, der den tieferen Ton greift, muß nämlich gewährleisten, daß sich die Saite bei der Bindung nicht bewegt. Es ist mir wichtig darauf hinzuweisen, weil gerade der Abziehfinger bei dieser Art von Bindungen im Allgemeinen einen übermäßigen Druck ausübt.
Nr.80: Das binden zweier Töne während die anderen Finger aufgesetzt bleiben ist etwas schwieriger. Man sollte daher den Grundgriff vor jedem Takt vorbereiten.
*(Zweite Zeile/erster Takt: Halbbarré im zweiten Bund)
Nr.81: *(Erste Zeile/dritter Takt: Halbbarré im zweiten Bund) (Zweite Zeile/zweiter Takt: Halbbarré im dritten Bund) (Dritte Zeile/dritter Takt: Halbbarré im zweiten Bund) (Vierte Zeile/zweiter Takt: Halbbarré im dritten Bund)
Nr.82. Ich möchte hier wieder nachdrücklich daran erinnern, daß bei Abziehbindungen die Finger der linken Hand sicher aufgesetzt sein müssen, bevor die Bindung selbst beginnt.
Nr.83: Diese Etüde ist besonders gut für die rechte Hand geeignet. Ring-, Zeigefinger und Daumen müssen gegebenenfalls sehr genau zusammen anschlagen.
*(erste Zeile/dritter Takt: Halbbarré im zweiten Bund) (Dritte Zeile/zweiter Takt: Halbbarré im zweiten Bund) (Vierte Zeile/zweiter Takt: Halbbarré im zweiten Bund)
Nr.85: Der Schüler sollte sich daran gewöhnen, diese Etüde gemäß den angegebenen Vortragsbezeichnungen zu interpretieren. Die Null steht für eine leere Saite.

Dur Tonleiter über zwei Oktaven

Melodische Moll-Tonleitern über zwei Oktaven

Chromatische Tonleiter (3 Oktaven)
Anmerkung: Dem Autor sind die Regeln der Notation chromatischer Tonleitern selbstverständlich bestens bekannt. Wenn er sie hier nicht befolgt, dann tut er dies mit Absicht, um dem Schüler das Lesen dieser Übung zu erleichtern.

JULIO S. SAGRERAS ZWEITES ÜBUNGSHEFT FÜR GITARRE FORTSETZUNG ZUM BAND "ERSTES ÜBUNGSHEFT" (ORIGINAL-ETÜDEN)

Vorwort
Als Ergebnis langjähriger Berufserfahrung (ich unterrichte bereits seit einundvierzig Jahren) veröffentliche ich nun hiermit den Band "Zweites Übungsheft". Unmittelbar darauf werden die Bände "Drittes Übungsheft", "Viertes Übungsheft" und "Fünftes Übungsheft", die ebenfalls bereits beendet sind, erscheinen. Der Band "Sechstes Übungsheft" ist noch in Arbeit.
Ich glaube, daß ich hiermit etwas Gutes tue, denn ich erleichtere den Lehrern ihre Aufgabe und würde mich glücklich schätzen, wenn diese neuen Lehrhefte ebenso viel Anklang finden würden wie der erste Band.
Die Gitarrentechnik hat in den letzten dreißig Jahren zweifellos enorme Fortschritte gemacht. Aber auch die Zahl derer, die sich in irgendeiner Weise für Gitarre, bzw. für Gitarrentechnik interessieren, ist stark angestiegen.
Ich selbst mußte mich in Bezug auf den Unterricht weiter entwickeln, und ich tat es aufgrund des ersten Besuches des berühmten Gitarristen Miguel Llobet in diesem Land vor etwa dreiundzwanzig Jahren.
Zuweilen kehren meine Gedanken in die Vergangenheit zurück, zu der Zeit vor etwa dreißig oder fünfunddreißig Jahren, und ich denke dabei liebevoll an meine Schüler von damals, von denen viele gute, manche sehr gute Berufsmusiker geworden sind.
Ich möchte einige von ihnen besonders hervorheben, so z.B. Antonio Sinópoli, Carlos Pellerano, Rodolfo Amadeo Videla, Victoria Testuri und viele andere mehr, von denen Antonio Sinópoli gegenwärtig zu Recht weltberühmt ist.
Doch ungeachtet der eben erwähnten Fortschritte, haben die Schulen heute im Allgemeinen nicht mit diesen Schritt gehalten. Denn obwohl es bedeutende Werke gibt, wie z.B. von Coste, Sor, Aguado und anderen, so ist keines von ihnen so aufgebaut, daß der Schüler schrittweise vorankommen kann. Außerdem sind manche Etüden aus diesen und anderen Schulen im Bezug auf die moderne Tárrega-Technik sehr veraltet. Auch wenn der Schwierigkeitsgrad derselben erhöht würde, könnten sie ohne gewisse Änderungen bezüglich der Technik ihren Zweck nicht erfüllen.
Vor einiger Zeit sprach ich mit meinem verehrten Kollegen Domingo Prat über dieses Thema, mit dem Ziel, eine Arbeit in diesem Sinne zu schreiben. Doch unsere beruflichen Tätigkeiten ließen uns letztendlich nicht die Zeit, unser Vorhaben zu verwirklichen.
Schon beim einfachen durchlesen dieses zweiten Übungsheftes wird man erkennen können, daß alle Übungen bzw. Etüden bis ins letzte Detail, vielleicht sogar auf übertriebene Weise, mit Fingersätzen versehen sind. Doch gemäß dem Sprichwort "zuviel schadet nicht" hoffe ich, daß man mir diese Übertreibung nicht übel nehmen wird, besonders dann, wenn der Lehrer dadurch an Erklärungen sparen kann, weil dem Schüler das Einüben der Etüden leichter fallen wird.
Ich habe außerdem versucht, den Schülern das Üben angenehm zu machen, indem ich die Übungen bzw. Etüden so weit wie möglich unterhaltsam und von völlig unterschiedlichem Charakter geschrieben habe. Dies soll dazu beitragen, das Interesse der Schüler am Üben zu steigern und die verschiedensten musikalischen Themen spielen zu lernen.
Anschließend hoffe ich, daß man mir meinen Mangel an Bescheidenheit verzeihen wird, aber ich glaube, daß die Veröffentlichung meiner neuen Übungshefte dabei helfen wird, die Gitarrenmusik einer breiteren Öffentlichkeit zugänglich zu machen und das Erlernen dieses Instruments zu erleichtern.
Julio S. Sagreras
Buenos Aires, im März 1933

ZWEITES ÜBUNGSHEFT FÜR GITARRE JULIO S. SAGRERAS

Nr.1: Die in dieser Etüde angegebenen Führungsstriche bedeuten, daß die Finger über die Saiten gleiten sollen und nicht, daß der Lagenwechsel hörbar durchgeführt werden soll. Sie sind eher dafür gedacht, daß sich der Schüler an diese Ausführungsweise gewöhnt, weil sie sehr nützlich ist. Durch diese Gewohnheit werden die Bewegungen der linken Hand geschmeidiger und gleichmäßiger, weil man gezwungen wird, die Hand parallel zum Griffbrett zu führen. Außerdem sollte man schon aus der Logik heraus folgendes bedenken: Wird der Finger gehoben, um die Saite in einem anderen Bund wieder zu drücken, muß man den Bund und die Saite treffen, während man durch das Gleiten nur den Bund treffen muß. Und schließlich ist die Durchführungsweise des Lagenwechsels bei Musikstücken mit melodischem und sanften Charakter zweckmäßig, weil die Phrasen geschmeidiger und gebundener gelingen.

Nr. 2: Diese Oktaven-Etüde kann auch mit Daumen und Zeigefinger (p, i, p, i, p) gespielt werden, aber der angegebene Fingersatz ist angebrachter.

Nr. 3: Bei dieser Etüde sollte man die angegebenen Betonungszeichen* genau beachten und die Melodie, d.h. die Noten mit dem Notenhals nach oben, deutlich hervorheben. Dagegen sollten die Stellen, die keine Noten der Melodie beinhalten, wie z.B. das C/E im letzten Schlag vor dem vierten Takt, das C/E im achten Takt, usw., leise gespielt werden.
[* Anmerkung des Übersetzers: Der Autor wendet immer wieder den Begriff "acentuar" (betonen) an, obwohl er, wie aus dem Vorwort zum ersten Übungsheft zu erkennen ist, den Begriff "apoyar" (anlegen) meint. Ich übersetze "acentuar" mit "betonen", um dem Text treu zu bleiben. Man sollte sich daher am Besten nach dem "Betonungszeichen" ^ richten, um zu wissen, wann angelegter bzw. freier Anschlag anzuwenden ist.]

Nr.4: Diese Terzen-Etüde soll nur mit Daumen und Zeigefinger (p, i, p, i, p) gespielt werden. Die Noten, die mit dem Daumen angeschlagen werden, sollten lauter klingen.
[*Man gleite mit den Fingern über die Saiten an den Stellen, wo Führungsstriche angegeben sind.]

Nr. 5: Hier sollte der Bass (Melodie) deutlich hervorgehoben werden. Das erreicht man am besten, wenn man nicht nur die Baß-Stimme lauter, sondern gleichzeitig die Begleitung bewußt leise spielt.
[*Man gleite mit den Fingern über die Saiten an den Stellen, wo Führungsstriche angegeben sind.]

Nr.6: Hier muß die Oberstimme deutlich hervorgehoben werden. Dafür sollten nicht nur die Noten mit dem Betonungszeichen ^ laut, sondern alle anderen Noten bewußt leise gespielt werden.
Im ersten Takt des zweiten Teiles haben wir es mit etwas zu tun, das in der Gitarrenmusik "Campanella" genannt wird. Dieser Fall entsteht immer dann, wenn ein gegriffener Ton höher ist als die nächsthöhere leere Saite (Das gegriffene "D" der dritten Saite ist höher als das "H" der zweiten leeren Saite)

Nr.7: Bei dieser Etüde sollte man versuchen, die Noten, die ein Betonungszeichen über oder unter sich haben, deutlich hervorzuheben. Es ist ratsam, die Noten ohne Betonungszeichen bewußt etwas leiser zu spielen, um diese Wirkung zu erzielen.

Nr.8: Der Lehrer sollte bereits ab dieser sehr einfachen Melodie-Etüde damit beginnen, den Schüler in die delikate Interpretation bzw. Behandlung einer Melodie einzuführen. Außerdem sollte sich der Lehrer Gedanken darüber machen, wie er dem Schüler die Synkopen-Bewegung, die im dritten Takt des zweiten Teiles beginnt, am besten erklären sollte. Schließlich sollte er den Schüler darauf hinweisen, daß die Melodie in diesem Teil der Etüde mit Ausnahme der letzten zwei Takte in der Baßstimme liegt. Diese sollte daher laut und die hohen Töne, die die Begleitung bilden, leise gespielt werden. Was dem Schüler unter anderem Schwierigkeiten bereitet, ist das Finden der Noten auf der Gitarre, wenn sie außerhalb ihrer natürlichen Lagen gespielt werden sollen. Es ist jedoch sehr einfach, wenn man folgendes bedenkt. Der Abstand von der ersten zur zweiten Saite beträgt fünf Halbtöne oder Bünde, von der zweiten zur dritten Saite vier Halbtöne oder Bünde, und bei den übrigen Saiten sind es jeweils fünf Halbtöne bzw. Bünde. Soll nun der Standort eines Tones aus der ersten Saite außerhalb seiner natürlichen Lage, auf der zweiten Saite ermittelt werden, müssen zu der Anzahl Halbtöne bzw. Bünde auf der ersten Saite fünf Bünde hinzugerechnet werden.
Die Summe der Halbtöne bzw. Bünde ergibt den Standort des Tones auf der zweiten Saite.
Beispiel: Das "A" der ersten Saite liegt im fünften Bund, also addiert man fünf dazu, das heißt, daß diese Note im zehnten Bund der zweiten Saite liegt. Möchte man nun den Standort eines Tones der zweiten auf der dritten Saite finden, geht man in gleicher Weise vor, wobei hier nicht fünf sondern vier hinzugerechnet werden, da der Abstand der zweiten zur dritten Saite nur vier Bünde zählt.
Als logische Konzequenz heraus ergibt sich nun folgendes: Sucht man auf der dritten Saite einen Ton aus der ersten Saite, müssen neun Bünde hinzugerechnet werden, also die Summe der fünf Bünde der ersten zur zweiten, sowie vier Bünde der zweiten zur dritten Saite. Möchte man jedoch einen Ton der dritten auf der fünften Saite finden, addiert man zehn Bünde, also fünf und fünf.
Um die Suche weiter zu erleichtern sollte man bedenken, das die hohe Oktave der leeren Saiten im zwölften Bund liegt, dort wo der Hals der Gitarre mit den Zargen zusammentrifft. Muß man z.B. das "Fis" der ersten Saite, zweiter Bund, auf der dritten Saite spielen, rechnet man zwei und neun zusammen, also elfter Bund. Man kann aber auch sofort zur hohen Oktave der dritten leeren Saite und darauf einen Bund zurückgehen, um auf das "Fis" im elften Bund der dritten Saite zu treffen.

Nr.9: Man gleite mit den Fingern über die Saiten an allen Stellen, wo Führungsstriche angegeben sind

Nr.11: Man beachte die Betonungszeichen und befolge genau den angegebenen Fingersatz der rechten Hand.

Nr.12: Diese Etüde ist eine Art "Lied-Barkarole" mit sanftem und empfindsamem Charakter und sollte vom Schüler dementsprechend gespielt werden.
Im ersten Takt sollten das "A" und das "Cis" etwas lauter gespielt werden, damit sie bis zum nächsten Schlag nachklingen können, während das "E" der sechsten Saite auf dem vierten Schlag sehr leise angeschlagen werden sollte, um die Ober- und Mittelstimme ("A" / "Cis") nicht zu übertönen. Die übrigen Stellen dieser Art sollten ebenso behandelt werden. Im fünften und sechsten Takt sollten Ober- und Mittelstimme deutlich zu hören sein.

Nr.13: (Man gleite mit den Fingern über die Saiten an allen Stellen, wo Führungsstriche angegeben sind)

Nr. 14: Bei den Abziehbindungen muß der Greif- und nicht der Abziehfinger den Druck ausüben. Der Greif-Finger, d.h. der Finger, der den tieferen Ton greift, muß sicher aufgesetzt bleiben damit sich die Saite nicht bewegt, wenn der Abziehfinger beim Bindevorgang die Saite nach außen zieht. Alle Schüler neigen im Allgemeinen dazu, genau das Gegenteil zu tun, wenn sie mit der Bindetechnik beginnen. Der Lehrer sollte den Schüler daher auf dieses Problem aufmerksam machen. Man betone genau die erste Note der Bindung.

Nr.15: Auch diese Etüde hat melodischen Charakter und sollte langsam, als "Adagio", wie über der ersten Notenzeile angegeben, interpretiert werden. Besonders der zweite Teil sollte sehr getragen und empfindsam gespielt werden.
Man beachte die angegebenen Führungsstriche.

Nr. 17: Man achte genau darauf, die Noten mit den Betonungszeichen hervorzuheben, und den angegebenen Fingersatz für die rechte Hand zu befolgen.

Nr.20: Ich kann nicht oft genug wiederholen, wie wichtig es ist, bei Gitarrenmusik die Noten der Melodie deutlich hervorzuheben. Um dieses zu erreichen, sollte man nicht nur diese Noten lauter, sondern auch alle anderen leiser spielen. So müssen z.B. das hohe "Ais" und das hohe "H" im ersten Takt doppelt so laut wie die übrigen Noten in diesem Takt klingen. Es ist außerdem sehr wichtig, die Finger immer dann über die Saiten gleiten zu lassen, wenn es nicht unbedingt notwendig ist, sie von der Saite zu heben. In diesem Sinne, Costes Beispiel folgend, habe ich in diesen Fällen Führungsstriche angegeben. Diese Führungsstriche bedeuten nicht, daß die Lagenwechsel hörbar durchgeführt werden, sondern daß die Finger den Kontakt zur Saite nicht verlieren sollten. Die Vorteile dieser Vorgehensweise bestehen darin, daß der Lagenwechsel gleichmäßig durchgeführt werden kann, weil die Bewegung der linken Hand parallel zum Griffbrett erfolgt. Außerdem, würde man den Finger von der Saite heben, anstatt ihn über die Saite gleiten zu lassen, müßte man Saite und Bund treffen; hebt man ihn aber nicht von der Saite, muß man nur den Zielbund treffen.

Nr.21: Bei dieser Etüde liegt die Melodie in der Mittelstimme. Sie ist durch das Betonungszeichen ^ gekennzeichnet. Diese Noten sollten daher lauter und betont gespielt werden.
Im siebten Takt des zweiten Teiles kommen zwei Noten vor, die zur Melodie gehören und dennoch kein Betonungszeichen ^ haben. Es sind das "E" und das "D" der fünften Saite, die beide mit dem Daumen angeschlagen werden. Obwohl diese Noten kein Betonungszeichen tragen, sollten sie etwas lauter gespielt werden, weil sie, wie bereits erwähnt, Teil der Melodie sind.

Nr.22: Bei dieser Etüde haben wir es mit zwei Arten von Lagenwechsel zu tun, nämlich solche, die aus einem kurzen Vorschlag heraus entstehen und solche, die zwischen Hauptnoten notwendig sind. Im ersten Fall, d.h. beim kurzen Vorschlag, muß der Lagenwechsel schnell durchgeführt werden. Außerdem muß hier der Zielton, bzw. die Hauptnote nicht mit den Fingern der rechten Hand angeschlagen werden, sondern wird beim Erreichen derselben bereits als gespielt verstanden. Nehmen wir den ersten Takt als Beispiel: In dem Moment, in dem die Vorschlagsnote "Cis" angeschlagen wird und der zweite Finger zum "E" der zweiten Saite gleitet, wird diese Note bereits als gespielt betrachtet.
Im zweiten Fall, also beim Lagenwechsel zwischen Hauptnoten, wie z.B. im zweiten Takt, wo der Lagenwechsel gleichzeitig mit zwei Fingern durchgeführt werden muß, und zwar vom "E" der zweiten und vom "Cis" der dritten Saite jeweils zum "D" der zweiten und zum "H" der dritten Saite, müssen diese beiden letzten Noten mit den Fingern der rechten Hand angeschlagen werden. Man sollte im Allgemeinen folgende Regel beachten. Handelt es sich um einen Lagenwechsel, der schnell durchgeführt werden soll, wird der Zielton, bzw. die Hauptnote nicht angeschlagen. Handelt es sich jedoch um einen Lagenwechsel, der langsam durchgeführt werden soll, und ist der Zielton von einem oder mehreren Tönen begleitet, muß der Zielton angeschlagen werden. Ich muß eine Anmerkung in musikalischer Hinsicht machen. Wenn ich das Wort "mordente" (Vorschlag) verwende, muß ich mich auf Dannhausers musikalische Theorie beziehen (die Beste, meiner Meinung nach). Diese Theorie besagt, daß alle kleinen Noten "apoyatura" breve (Halbvorschlag) genannt werden sollten, denn "mordente" (Vorschlag oder Halbtriller) bedeutet die Verdoppelung der Note. Weil aber der Vorschlag mit einer oder zwei Noten im allgemeinen "mordente" (Vorschlag) bzw. mordente doble (doppelter Vorschlag) genannt wird, habe ich diese Bezeichnung übernommen.

Nr.23: Bei den ersten vier Takten dieser Etüde sollten die Saiten beim mehrstimmigen Akkord gleichzeitig angeschlagen werden, d.h., die Akkorde sollten nicht arpeggiert werden. Die Finger der linken Hand dürfen nach dem Anschlag nicht bewegt werden, und die Finger der rechten Hand dürfen nicht wieder auf die Saiten gesetzt werden, damit die Töne ihrem Wert entsprechend nachklingen können. Bei den folgenden vier Takten, also vom fünften bis zum achten Takt, jeweils einschließlich, sollte man darauf achten, die Noten mit dem Betonungszeichen ^ lauter und die anderen leiser zu spielen. Alle diese Bemerkungen sollten ebenso auf den Rest der Etüde angewandt werden. Dieses kleine Musikstückchen hat einen melodischen und ruhigen Charakter und enthält deutlich kreolisch-argentinische* musikalische Wendungen.
[*Anmerkung des Übersetzers: Kreolisch/Kreolen= Bezeichnung für die Nachkommen romanischer Einwanderer in Mittel- und Südamerika.]

Nr.25: Bei dieser Übung ist es wichtig, die höchstmögliche Regelmäßigkeit bei den Zerlegungen zu erreichen. Am Anfang haben wir es mit einer Art Zerlegung zu tun, die von der ersten zu den tieferen Saiten verläuft. Hier ist es einfach auf einen regelmäßigen Anschlag zu achten, obwohl die Zerlegung schwieriger ist. Doch wenn die Zerlegung von der dritten zur ersten Saite geht, wie es im fünften und den darauffolgenden Takten der Fall ist, ist ein gleichmäßiges Spiel schwieriger zu erlangen, weil die Bewegung der Finger der rechten Hand leichter fällt, und man daher dazu neigt, diese zu beschleunigen und damit die Gleichmäßigkeit, die zwischen den beiden Zerlegungen bestehen soll, zu durchbrechen.

Nr.26: Bei dieser Etüde kann der Lehrer wie folgt vorgehen. Während er den Schüler diese Etüde spielen läßt, kann er die Etüde Nr. 35 dazu spielen, denn obwohl beide Etüden unabhängig von einander zu sein scheinen, sind sie als Gitarren-Duo gedacht. Zu gegebener Zeit kann dann der Lehrer diese Etüde spielen und dafür der Schüler die Nr. 35 übernehmen. Auf diese Weise soll das Zusammenspielen allmählich geübt werden. Der eher langsame und sanfte Charakter dieser Etüde erleichtern den Einstieg in die Praxis des gemeinsamen Musizierens.

Nr.27: Diese Etüde ist mit der Etüde Nr. 17 aus dem Band "Fünftes Übungsheft für Gitarre" als Gitarren-Duo spielbar, wobei der Lehrer die Nr. 17 übernehmen sollte. Hierdurch soll das Zusammenspiel geübt werden. Das Tempo ist, wie angegeben, das eines langsamen Walzers.

Nr.28: Man gleite mit den Fingern über die Saiten an allen Stellen, wo Führungsstriche angegeben sind.

Nr.29: Man betone die Töne der Melodie besonders stark und gleite mit den Fingern über die Saiten, wenn Führungsstriche angegeben sind.

Nr.30: Diese Etüde ist eine sehr gute Übung für die Finger der rechten Hand. Man gleite mit den Fingern über die Saiten an allen Stellen, wo Führungsstriche angegeben sind.

Nr.31: Wie ich bereits bei der Etüde Nr. 21 erläutert habe wird der Zielton, bzw. die Hauptnote bei einem durch einen kurzen Vorschlag bedingten Lagenwechsel nicht angeschlagen. Aus diesem Grunde wird die Vorschlagsnote zusammen mit dem entsprechenden Baß angeschlagen, der unterhalb der Hauptnote auf dem ersten Schlag notiert ist. In den Takten 5, 6, 13, 14, 17, 18 und 21 werden die Vorschlagsnoten jeweils gebunden (Auf- und Abziehbindung). In solchen Fällen sollte der Griff der linken Hand im voraus, d.h. vor jedem Takt, vorbereitet werden. Auf diese Weise werden die Bindungen besser gelingen.

Nr.33: Wie ich bereits an entsprechender Stelle der Erläuterung zur Etüde Nr. 31 schrieb, sollte auch bei dieser Etüde der

Griff der linken Hand jeweils vor der Ausführung einer gebundenen Vorschlagsnote vorbereitet sein. Außerdem sollten die Vorschlagsnoten zusammen mit dem Baß angeschlagen werden.
Nr.34: Man sollte sich bei dieser Etüde streng an den angegebenen Fingersatz für die rechte Hand halten und die Noten mit dem Zeichen ^ entsprechend betonen. Außerdem sollte man versuchen die Begleitung, d.h., die Noten die nicht zur Melodie gehören, leiser zu spielen. Auf diese Weise fällt es leichter, die Melodie hervorzuheben.
Nr.35: Ich habe bereits bei der Etüde Nr.26 darauf hingewiesen, daß diese Etüde zusammen mit der soeben Genannten als Gitarren-Duo gespielt werden kann. Der Lehrer kann nach Belieben mal die eine, mal die andere mit seinem Schüler spielen, damit dieser das gemeinsame Musizieren üben kann.
Nr.36: Ich möchte wärmstens empfehlen, jeden Griff bereits aufgesetzt zu haben, bevor eine Bindung ausgeführt wird.
Der kurze Vorschlag sollte mit Nachdruck, jedoch ohne Gewalt, angeschlagen, und die zwei weiteren Schläge im Takt, die begleitende Funktion haben, sehr leise gespielt werden. Auf diese Weise klingt die Melodie deutlich hervor.
Nr.37: Bei dieser Etüde sollte die erste Note des Pralltrillers zusammen mit dem Baß, der in begleitender Funktion unterhalb der Hauptnote notiert ist, angeschlagen werden. Die Hauptnote selbst braucht nicht mehr gespielt zu werden, weil sie durch die Bindung mit der linken Hand zum Klingen kommt. Außerdem sollte man, wie bereits mehrfach erläutert, darauf achten, die Finger der linken Hand über die Saiten gleiten zu lassen, ohne sie von diesen zu heben, überall dort, wo Führungsstriche angegeben sind.
Nr.38: Bei dieser Etüde sollte die Oberstimme deutlich hervorgehoben werden. Hierzu muß der Ringfinger etwas stärker anschlagen, weil er für diese Stimme zuständig ist.
Nr.39: Man beachte die Betonungszeichen und gleite mit den Fingern über die Saiten an allen Stellen, wo Führungsstriche angegeben sind.
Nr.40: Bei dieser Etüde entsteht ein Effekt, der in der Gitarrenmusik "Campanella" genannt wird. Im Folgenden die Fälle in dieser Etüde, in denen dieser Effekt entsteht: Das "H" und das "B" der vierten Saite mit dem "G" der dritten Saite im ersten Takt, das "A" der vierten mit dem "G" der dritten Saite, das "A" der zweiten mit den "e" der ersten und das "G" der dritten Saite im zweiten Takt, das "A" der vierten mit dem "G" der dritten und dem "A" der fünften Saite im vierten Takt. Es läßt sich heraus leicht erkennen, daß der "Campanella"-Effekt immer dann entsteht, wenn eine höhere Note auf einer tieferen Saite und eine oder mehrere höhere leere Saiten zusammen oder nacheinander angeschlagen werden. Siehe hierzu auch meine Anmerkungen zur Etüde Nr. 6 im "Zweiten Übungsheft für Gitarre".
Man sollte in den genannten Fällen eines Campanella-Effektes den angegebenen Fingersatz für die rechte Hand streng befolgen.
Besonders im ersten Takt, wo jeweils das "H" und das "B" der vierten Saite mit dem Daumen der rechten Hand gespielt werden sollen.
Nr.41: Beim Campanella-Effekt, der in dieser Etüde entsteht, werden die Noten nacheinander und nicht, wie in der vorangegangenen Etüde, zusammen angeschlagen. Es handelt sich hier um die Triole im Takt 22, gebildet aus dem "F" der fünften, dem "G" der dritten und dem "F" der zweiten Saite, unmittelbar gefolgt vom "E" der ersten leeren Saite im nächsten Takt, und um die Triole im Takt 30, gebildet aus dem "G" der vierten, dem "C" der dritten und dem "F" der zweiten Saite, unmittelbar gefolgt vom "e" der ersten leeren Saite im nächsten Takt.
Nr.42: Bei dieser Terzen-Etüde mit Bindungen ist es besonders wichtig, mehr als bei irgend einer anderen Etüde, die Finger der linken Hand gleiten zu lassen, wenn nicht unbedingt erforderlich ist, sie von der Saite zu heben. Daher habe ich mir die Arbeit gemacht, peinlichst genau jede betreffende Stelle mit Führungsstrichen zu versehen. Ich glaube, es ist nicht mehr notwendig, noch einmal zu begründen, warum das befolgen dieser Regel für den Spieler von Vorteil ist. Doch salopp ausgedrückt ist damit "die halbe Miete geschafft".
Nr.43: Für diese Sexten- und Terzen-Etüde gilt die gleiche Empfehlung im Bezug auf das Gleiten der Finger der linken Hand, wie für die Etüde Nr. 42.
Nr.44: Man bemerkt sofort, daß diese Etüde im Stil eines orientalischen Tanzes komponiert ist. Sie ist sehr leicht und wird dem Schüler bestimmt Freude bereiten. Ab Takt 24 bis Takt 32, sowie in den letzten acht Takten kommen Oktav-Flageolett in der Baßstimme vor. Obwohl ich es nicht für notwendig halte, die Ausführungsweise derselben zu erklären, denn dies ist Aufgabe des Lehrers, werde ich es dennoch tun. Zur Ausführung eines Oktav-Flageoletts in der Baßstimme berührt der Daumen der rechten Hand nur leicht die entsprechende Saite im angegebenen Bund, und zwar mit der Kuppe und etwas seitlich. Der fleischige Teil des Daumens, der auf der Saite liegt, sollte sie einen Millimeter vor und hinter dem angegebenen Bund bedecken. Ist dies geschehen, muß der Zeigefinger der rechten Hand mit Nachdruck, aber ohne Gewalt die Saite anschlagen. Der Daumen muß unmittelbar darauf von der Saite genommen werden, damit der Ton nachklingen kann. Im Falle eines Flageolettones, der nicht auf einer leeren Saite ausgeführt wird sollte man daran denken, daß der Finger der linken Hand, der die erforderliche Note greift, nicht bewegt werden darf. Wenn man dies nicht beachtet, stirbt der Ton sofort ab. Ansonsten gilt auch hier die gleiche Ausführungsweise.

JULIO S. SAGRERAS DRITTES ÜBUNGSHEFT FÜR GITARRE VOLLSTÄNDIGES LEHRWERK MIT GENAUER ANGABE ALLER FINGERSÄTZE FORTSETZUNG ZUM BAND "ZWEITES ÜBUNGSHEFT" (ORIGINAL-ETÜDEN)

Vorwort
Die vorliegende Arbeit ist, wie ich es bereits im Vorwort zum Band "Zweites Übungsheft" erwähnte, das Ergebnis der Erfahrung einer einundvierzig Jahre dauernden Unterrichtspraxis.
Die Bände "Viertes Übungsheft" und "Fünftes Übungsheft" werden, wie bereits erklärt, ebenfalls sofort veröffentlicht, da sie bereits vollendet sind. Wie man aus den Namen unschwer erkennen kann, handelt es sich bei diesen Bänden um die fortschreitende Fortsetzung der hier vorliegenden Arbeit.
Ich arbeite bereits an dem Band "Sechstes Übungsheft". Dieser soll der Letzte sein und somit eine wirklich moderne Schule in sechs Teilen vervollständigen. Ich beabsichtige einige der wichtigsten Etüden von Sor, Aguado, Coste, Damas und Tárrega in diesem letzten Band mit einzubringen, allerdings vollkommen modernisiert und mit peinlich genauen Fingersatzangaben versehen.
Ich bin davon überzeugt, daß die fortschreitenden Schwierigkeiten der Etüden meiner Schule den Lehrern beim Gitarrenunterricht Arbeit ersparen wird, da es nicht notwendig ist, Etüden zu überspringen, wie es bei den heutigen Schulen der Fall ist.
Außerdem ist der genau ausgearbeitete Fingersatz für beide Hände immer eine Erleichterung der Arbeit eines Lehrers.

Julio S. Sagreras
April, 1933

DRITTES ÜBUNGSHEFT FÜR GITARRE JULIO S. SAGRERAS

Nr.1: Ich rate sehr dazu, den Griff der linken Hand bei dieser Etüde so vollständig wie möglich vor jedem Takt vorzubereiten. In manchen Fällen, wie z.B. in Takt 3, 4, 5, 6 und weiteren mehr, kann der jeweilige Griff vollständig vorbereitet werden. Man achte außerdem darauf, daß die höchstmögliche Regelmäßigkeit im Tempo erreicht wird und, daß die Töne, die sich aus den Bindungen ergeben, genauso laut wie die anderen Töne klingen. Diese Etüde-Übung ist für beide Hände sehr gut geeignet. Man betone* gut die Anfangsnoten der Bindungen.

[*Anmerkung des Übersetzers:
Der Autor wendet immer wieder den Begriff "acentuar" (betonen) an, obwohl er, wie aus dem Vorwort zum ersten Übungsheft zu erkennen ist, den Begriff "apoyar" (anlegen) meint. Ich übersetze "acentuar" mit "betonen", um dem Text treu zu bleiben. Man sollte sich daher am Besten nach dem "Betonungszeichen" ^ richten, um zu wissen, wann angelegter bzw. freier Anschlag anzuwenden ist.]

Nr.2: Obwohl es wenige Stücke für Gitarre gibt, bei denen die fünfte Saite in "G" und die sechste in "D" umgestimmt sind, habe ich diese Etüde, als Übung dafür, an diese Stelle gesetzt. Der Schüler sollte beim Einüben nicht vergessen, daß alle Töne auf den genannten Saiten zwei Bünde höher liegen. Wenn er heran denkt, wird ihm das Einüben nicht schwer fallen. Im achten Takt kommt ein Lagenwechsel auf der zweiten Saite vor, und zwar vom "F" zum "E". Man wird leicht erkennen können, daß hier beide Töne angeschlagen werden sollen, weil für beide Noten jeweils der Zeige- bzw. der Mittelfinger der rechten Hand als Fingersatz angegeben ist. Man befolge im Takt 20 genau den angegebenen Fingersatz für die rechte Hand.
Nr.3: Man befolge streng den angegebenen Fingersatz für die rechte Hand und spiele die Etüde sanft und feinfühlig und mit sehr viel Ausdruck.
Nr.4: Ich wollte in dieser Schule auch eine Etüde einfügen, die jene Technik behandelt, die bei der Gitarre gemein als "Tremolo" bezeichnet wird. Wie man sehen kann, ist der angegebene Fingersatz für die dreimalige Tonwiederholung i, m, i. Es ist aber auch ratsam, den Fingersatz i, a, i und a, m, i zu üben.
Sollen die Tonwiederholungen laut und die melodische Linie nicht sehr schnell gespielt werden, empfiehlt es sich, den zuerst genannten Fingersatz anzuwenden. Für die Fälle, bei denen die Tonwiederholung schnell und nicht unbedingt laut gespielt werden soll, sollte man lieber den zuletzt genannten Fingersatz anwenden. Es ist jedoch immer wichtig, auf die höchstmögliche Regelmäßigkeit in den Bewegungen zu achten.
Nr.5: Man befolge bei dieser Etüde genau den angegebenen Fingersatz für die rechte Hand und gleite mit den Fingern der linken Hand über die Saiten, wenn Führungsstriche angegeben sind. Man beachte auch, daß die Noten mit dem Zeichen ^ mit Nachdruck, aber nicht brüsk, betont werden müssen. Hierzu läßt man zunächst die Kuppe über die Saite gleiten und schlägt sie darauf mit dem Nagel an. Nach dem Anschlag bleibt der Finger auf der nächsttieferen Saite liegen. Das heißt, daß der Anschlagfinger auf der zweiten Saite liegen bleibt, nachdem er die erste gespielt hat, auf der dritten, wenn er die zweite gespielt hat, usw. Es versteht sich von selbst, daß der Ausdruck "liegenbleiben" lediglich den Bewegungsablauf des Fingers verdeutlichen soll und nicht, daß der Finger über längere Zeit auf der Saite bleibt. Selbstverständlich muß man ihn sofort danach von der Saite nehmen.
Nr.6: Diese Etüde ist im "Ranchera"-Takt geschrieben (Vor einigen Jahren nannte man ein solches Stück "Mazurka", denn es handelt sich um nichts anderes) und enthält Bindungen über drei Noten. Bei solchen Bindungen empfehle ich, den Finger, der die erste Note der Bindung greift, sicher aufgesetzt zu lassen, weil er der Bewegung der Saite bei dem Teil der Abziehbindung entgegenwirken muß.
Ich rate nochmals dazu, bei den Terzen und Sexten im zweiten Teil, an alle jene Stellen, wo Führungsstriche angegeben sind, die Finger über die Saiten gleiten zu lassen. Man beachte genau die angegebenen Betonungszeichen.
Nr.7: Diese Etüde/Übung ist besonders für die rechte Hand sehr nützlich.
Nr.8: Man spiele jeweils die erste Note einer Bindung lauter und die Begleitung, das heißt, die Noten, die nicht Teil der Melodie sind, leiser.
Nr.9: Diese Etüde ist besonders für die rechte Hand sehr nützlich. Man beachte, daß Daumen, Ring- und Zeigefinger die Saiten genau gleichzeitig anschlagen, ohne zu arpeggieren. Wie man sieht, wird bei dieser Etüde keine Note betont. Man gleite mit den Fingern der linken Hand, wenn es nicht unbedingt notwendig ist, sie von der Saite zu heben.
Nr.10: Ich habe bereits bei der Etüde Nr. 44 aus dem Band "Zweites Übungsheft" die notwendigen Erklärungen zur Ausführungsweise von Flageolettönen in der Baßstimme gegeben. Ich möchte nun nebenbei bemerken, daß die Art und Weise, diese Töne zu erzeugen, vom großen Meister Tárrega stammt, denn vor fünfunddreißig Jahren wurden sie nicht wie beschrieben gespielt, sondern wurden folgendermaßen erzeugt. Man legte den Zeigefinger der rechten Hand mit der Kuppe auf die für Flageolett gewählte Stelle und schlug dann die entsprechende Saite mit dem Daumen an, der hierzu unterhalb des Zeigefingers spielen mußte. Diese Bewegung erwies sich als sehr unbequem, weil die Stellung der rechten Hand bei jedem Flageoletton verändert werden mußte.
Bei dieser Etüde ist es ratsam, die Griffe der linken Hand so weit wie möglich vorzubereiten, damit der Schüler von diesen unbekümmert, seine gesamte Konzentration auf die Stelle lenken kann, die er mit dem Daumen der rechten Hand treffen muß. Ich empfehle noch einmal, daß die rechte Hand die Saite nicht stört und der Greif-Finger nicht bewegt wird, nachdem der Flageoletton erzeugt worden ist. Alle Baßtöne sind Oktav-Flageoletts.
Nr.11: Ich habe bereits erklärt, wie ein Oktav-Flageolett in der Baßstimme erzeugt wird. Hier möchte ich nun erklären, wie es bei einer hohen Note gespielt werden muß. Nachdem die Finger auf die Noten gesetzt wurden, bzw. der Griff mit der linken Hand so vollständig wie möglich vorbereitet wurde, legt man den Zeigefinger mit der Kuppe an die Stelle und auf die Saite, die beim Flageolett angezeigt ist und schlägt dieselbe mit dem Ringfinger der rechten Hand an. Soll der Flageoletton zusammen mit einem Baß erklingen, müssen Ringfinger und Daumen der rechten Hand die entsprechenden Saiten gleichzeitig anschlagen, so wie es beim ersten Schlag im ersten Takt der Fall ist. Ich empfehle noch einmal, darauf zu achten, die Saiten, die die Flageolettöne erzeugt haben, nicht zu berühren und die Griff-Finger aufgesetzt zu lassen, damit der Flageoletton nicht abstirbt. In solchen Fällen, wie z.B. Takt 2, sollte man darauf achten, daß man die Begleitung sehr leise spielt, damit die Oberstimme, die an dieser Stelle ein Flageolett ist, nach- und deutlich hervorgehoben klingen kann. Alle Töne der Oberstimme sind Oktav-Flageoletts.
Nr. 12: Diese Etüde ist besonders dafür gedacht, den betonten Anschlag zweier Saiten mit dem Daumen zu üben. Bei der Ausführung sollte man folgendes bedenken: Zum gleichzeitigen Anschlag des "E" der sechsten mit dem "E" der fünften Saite, wie es beim ersten Schlag im ersten Takt dieser Etüde der Fall ist, legt man den Daumen der rechten Hand mit der äußeren linken Seite auf die sechste Saite und nimmt dabei nur wenig Saite ein, damit der Daumen bequemer gleiten kann. Danach schlägt man die sechste und die fünfte Saite mit einer möglichst schnellen Bewegung an. Anschließend bleibt der Daumen auf der vierten Saite liegen.

Sollen die fünfte und die vierte Saite mit einer Bewegung angeschlagen werden, bleibt der Daumen auf der dritten Saite liegen. Im neunten und im elften Takt muß der Daumen drei Saiten gleichzeitig anschlagen und bleibt logischerweise auf der dritten Saite liegen.

Beim Spielen dieser Etüde sollte man bedenken, daß die Melodie (hier in der Baßstimme) deutlich hervorgehoben werden soll. Hierzu sollten nicht nur die Bässe lauter gespielt und die Saiten nach dem Anschlag nicht berührt werden, sondern man sollte auch die Begleitung sehr leise anschlagen.

[*Anmerkung des Übersetzers: Nach der Beschreibung der Ausführungsweise zu urteilen, handelt es sich hier zweifellos um den angelegten Daumenschlag über zwei Saiten, obwohl das Zeichen ^ nicht vorhanden ist. (Siehe auch Anm.d.Üb. zu Etüde Nr. 1)]

Nr.13: Es handelt sich hier um eine Dezimen-Etüde. Obwohl dieses Intervall bei der Gitarre selten zur Anwendung kommt, wollte ich es als Übung hier einfügen. Im neunten, zehnten, dreizehnten und vierzehnten Takt haben wir es jeweils mit dem Fall zu tun, bei dem eine Vorschlagsnote von einem Akkord gefolgt wird. Die Ausführungsweise ist wie folgt: Die Vorschlagsnote "F" wird zusammen mit dem "C" der dritten und dem "A" der vierten Saite angeschlagen. Sofort darauf erfolgt die schnelle Abziehbindung von der Vorschlagsnote "F" zum "E", beide auf der zweiten Saite. Damit wird diese letzte Note eigentlich mit der linken Hand erzeugt.

Nr. 16: Ich möchte an dieser Stelle noch einmal wiederholen, daß es für den Spieler von Vorteil ist, die Finger der linken Hand, wo immer es möglich ist, über die Saiten gleiten zu lassen, anstatt mit diesen zu springen. In manchen Fällen müssen die Finger von einem Bund zum anderen gleiten, obwohl eine oder mehrere Noten dazwischen gespielt werden müssen. Die Angabe von Führungsstrichen könnte unter diesen Umständen zu Mißverständnissen führen. Daher möchte ich die erforderlichen Anweisungen für diese Etüde anhand von Beispielen geben. Bei der zweiten Triole im zweiten Takt bleibt der zweite Finger auf dem "Fis" liegen, damit er zum "A", die erste Note im nächsten Takt, gleiten kann. Diese Verfahrensweise gilt auch für den zweiten Finger auf dem "A" der zweiten Triole im dritten Takt. Er bleibt aufgesetzt und gleitet dann zum "Cis", die erste Note im nächsten Takt. Ebenso muß auch der zweite Finger das "Cis" der zweiten Triole im vierten Takt solange greifen, bis er zum "E", die erste Note im fünften Takt, gleitet. Das gleiche gilt für die verschiedenen Noten in den Takten 10, 11 und 12. Man befolge streng den angegebenen Fingersatz und die Führungsstriche, die auf ein Gleiten der Finger hinweisen.

Nr.19: Bei allen Abziehbindungen ist es angebracht, die Noten soweit wie möglich vorzubereiten, besonders wenn es sich um solche Fälle handelt, wie z.B. im ersten Takt dieser Etüde, wo die Abziehbindung im Zusammenhang mit einem Doppelschlag (auch Schleifer genannt) auftrifft, und infolgedessen viel schneller als sonst gespielt werden muß. Daher sollte man im ersten Takt den vierten, den zweiten und

den ersten Finger jeweils auf das "C", das "B" und das "A" zusammen aufzusetzen und erst, wenn dies geschehen ist, die Bindung spielen. Das gleiche gilt für Takt 5 und Takt 9. Zum besseren Gelingen der Bindungen ist es ratsam, den Ausgangston lauter zu spielen.

Im Bezug auf die Kraftanwendung mit der rechten Hand ist es angebracht, den Schüler immer an die Spielweise zu gewöhnen, die darauf abzielt, die Melodie hervorzuheben. Hierfür sollte er lernen, nicht nur die Noten der Melodie lauter, sondern auch die der Begleitung leiser zu spielen. Ein Beispiel dafür ist der zweite Takt, bei dem die ersten zwei Schläge laut, und der dritte leise gespielt werden müssen, weil letzterer lediglich Begleitung ist. So sollte man auch bei allen ähnlichen Fällen verfahren. Im Allgemeinen ist es sehr einfach, die Melodie zu erkennen, weil sie, mit Ausnahme solcher Fälle, in denen die Melodie in der Baßstimme liegt, mit dem Notenhals oben notiert wird.

Nr.20: Diese Etüde ist etwas unangenehm, weil die Bindungen jeweils aus einem Akkord heraus gespielt werden müssen und der Griff danach aufgesetzt bleibt. Man nehme am Anfang ein nicht zu schnelles Tempo.

Nr.21: Diese Etüde ist als Gitarren-Duo gedacht, wobei die Etüde Nr. 31 aus dem Band "Fünftes Übungsheft" und der Schüler diese spielen soll. Auf diese Weise dient sie als Übung für das Zusammenspiel. Später, wenn der Schüler weiter ist, können die Stimmen getauscht werden.

Nr.22: Man beachte die Regelmäßigkeit der Bewegung so streng wie möglich. Dafür sollte man die rechte Hand sehr genau beobachten.

Nr.23: Man beachte sehr genau den angegebenen Fingersatz und die Betonungszeichen.

Nr.24: Diese Etüde behandelt das Thema des kurzen Vorschlages in Lagenwechseln und Bindungen. An einigen Stellen treten die Vorschlagsnoten einzeln auf, an anderen Stellen kommen zwei übereinander liegende Vorschlagsnoten vor. Wie man sehen kann, habe ich nur in solchen Fällen, wo eine Vorschlagsnote einzeln auftritt, ein Betonungszeichen gesetzt, da es gar nicht möglich ist, zwei übereinander liegende Vorschlagsnoten zu betonen, besonders wenn sie auf zwei benachbarten Saiten liegen.

Im vorletzten Takt kommt eine Quintole vor, aus der eine Bindung über sechs Noten entsteht. Der Schüler sollte an dieser Stelle das "D" und das "Cisis" (C mit Doppelkreuz) mit den Fingern der linken Hand im voraus zu greifen. Dabei sollte er mit dem ersten Finger, der auf die zuletzt genannte Note aufgesetzt wird, etwas fester greifen, weil er mit Druck der Bewegung der Saite entgegenwirken muß, die daraus entsteht, daß der zweite und der dritte Finger jeweils das "D" und das "E" binden.

Nr.25: Die einzige Schwierigkeit dieser Etüde besteht darin, das sie in C-Moll geschrieben ist und infolge dessen das Einüben, wegen der Moll-Vorzeichen, unangenehmer ist. Die häufig auftretenden Barrégriffe, die sich aus der gewählten Tonart ergeben, sind ebenfalls etwas unangenehm. Man spiele die Etüde anfangs in einem bequemen Tempo, gleich einem

langsamen Walzer.

Nr.26: Diese Etüde/Übung ist für beide Hände empfehlenswert; sie zu üben führt zu sehr guten Ergebnisssen. Beim Aufsetzen des ersten Griffes mit der linken Hand sollte man darauf achten, auch das "C" der vierten Saite, das kurz darauf zu spielen ist, schon zu greifen. Dies sollte folgendermaßen geschehen. Während der zweite Finger das "Cis" der zweiten Saite greift, wird der erste Finger flach auf die dritte und vierte Saite aufgelegt, so daß er gleichzeitig das "A" und das "E" der genannten Saiten niederdrückt. Hierzu wird das erste Fingerglied gegen das Gelenk ausgewinkelt. Auf diese Weise werden unnötige Bewegungen vermieden und der vierte Finger kann das "Cis" der fünften Saite leichter erreichen.

Nr.27: Diese Zerlegungsformel ist eine sehr gute Übung für die rechte Hand. Man versuche, die Regelmäßigkeit der Bewegung soweit wie möglich beizubehalten.

Nr.28: Bei dieser Etüde wird der Doppelschlag geübt. Zur Ausführung rate ich nochmals dazu, die Noten, die den Doppelschlag bilden, mit den jeweiligen Fingern der linken Hand, soweit möglich, im voraus zu greifen. Es handelt sich um das "H", das "A" und das "Gis" in den Takten 1, 3, 5 und 9, sowie um das "A", das "G" und das "Fis" in den Takten 11 und 19.

Beim Lagenwechsel zwischen dem "A" und dem "H" im vorvorletzten Takt wird diese letzte Note nicht mit der rechten Hand angeschlagen, weil sie von kurzer Tondauer ist, so daß sie durch den Klang, den der Lagenwechsel ihr vermittelt, als gespielt betrachtet wird. Man achte bei dieser Etüde darauf, die Noten im zweiten und dritten Schlag des ersten Taktes, sowie aller anderen gleichartigen Takten, abzudämpfen, um die Achtelpause, ihrem Wert entsprechend, einzuhalten.

Nr.29: In dieser Etüde soll der Triller geübt werden. Dieser wird, den ersten Takt als Beispiel nehmend, folgendermaßen ausgeführt. Man greift die Hauptnote, hier das "A", mit dem zweiten Finger und schlägt mit dem vierten Finger mehrmals auf das "H" auf, wobei man darauf achten sollte, daß der Abzugsfinger auch jedesmal einen Ton erzeugen muß. Wie oft dieser Vorgang wiederholt werden soll hängt von der Tondauer der Hauptnote und vom Tempo ab, das man für diese Etüde genommen hat. Am Anfang ist ein eher langsames Tempo angebracht, was jedoch nicht daran hindern sollte, den Triller so schnell wie möglich zu spielen. Der Triller wird bei der Gitarre wenig angewandt, aber es gibt sehr viele Bearbeitungen, vor allem aus der Klavier- und Geigenliteratur, die sein Üben erfordern.

Nr.30: Man beachte bei dieser Etüde den Fingersatz und die Betonungszeichen sehr genau.

Nr.31: Im zwölften Takt dieser Etüde kommt ein Tonleiterabschnitt vor. Unterhalb der Noten ist jeweils ein p und oberhalb der Fingersatz i, m angegeben. Dies bedeutet, wie der Anmerkung über Takt 12 zu entnehmen ist, das hier zwischen beiden Fingersätzen gewählt werden kann. Die moderne Schule wendet den Daumen bei Tonleitern nur noch selten an, womit ich sehr einverstanden bin. Bei kurzen Tonleiterabschnitten ist es jedoch manchmal erforderlich, den Daumen-

schlag zu nehmen, um die Stellung der rechten Hand nicht wegen einiger weniger Noten verändern zu müssen.

Auch wenn der im ersten Absatz genannte Tonleiterabschnitt mit dem Fingersatz i, m gespielt wird, muß selbstverständlich das "F" im nächsten Takt in jedem Fall mit dem Daumen angeschlagen werden.

Nr.32: Man betone die Anfangsnoten der Bindungen und befolge genau den angegebenen Fingersatz. Das Tempo dieser Etüde sollte von den technischen Fähigkeiten des Schülers abhängig gemacht werden.

Nr. 34: Man beachte die angegebenen Betonungszeichen und den Fingersatz für beide Hände.

Man setze, wo immer möglich, die Griffe mit der linken Hand im voraus auf die Saiten. Dadurch versucht man die Bewegung dieser Hand auf ein Minimum zu beschränken.

Beispiel: Im ersten Takt bleibt der zweite Finger auf dem "H" der fünften Saite aufgesetzt, im zweiten Takt bleiben der vierte Finger auf dem "E" der fünften und der erste Finger auf dem "H" der dritten Saite aufgesetzt, im dritten Takt bleiben der dritte Finger auf dem "G" der vierten und der vierte Finger auf dem "E" der zweiten Saite aufgesetzt, im fünften Takt bleiben der dritte Finger auf dem "H" der fünften, der erste Finger auf dem "Dis" der vierten und der zweite Finger auf dem "Gis" der dritten Saite aufgesetzt, usw.

Nr.35: Die Melodie dieser Etüde erscheint in einer seltsamen Form und, dem Anschein nach, unregelmäßig. Dadurch ergibt sich, meiner Meinung nach, eine interessante Wirkung. Man beachte strikt den Fingersatz für beide Hände und die angegebenen Betonungszeichen. Man gleite, wo immer möglich, mit den Fingern der linken Hand über die Saiten.

Nr.36: Man denke bei dieser Terzen-, Quarten- und Sexten-Etüde an das, was im Bezug auf das Gleiten mit den Fingern der linken Hand zuvor geschrieben wurde.

Nr.37: Bei dieser Etüde geht es um verzögerte Bindungen, das heißt, daß zwischen zwei zu bindenden Tönen eine oder mehrere Noten mit der rechten Hand angeschlagen werden müssen. Zum besseren Gelingen sollten, im Falle der Abziehbindungen, die Noten derselben zusammen aufgesetzt werden. Diese Ausführungsweise ist bequemer und führt zu einem guten Ergebnis. Zum Beispiel: Im ersten Takt werden der vierte Finger auf das "C" und der dritte Finger auf das "H" der Bindung zusammen aufgesetzt und erst daraufhin wird mit dem Spielen dieses Taktes begonnen. Im zweiten Takt werden der dritte Finger auf das "G" und der zweite Finger auf das "Fis" der Bindung zusammen aufgesetzt, usw. Bei den Aufschlagbindungen muß der Finger der linken Hand, der die zweite Note der Bindung erzeugt (Aufschlagfinger), kräftig genug und möglichst nah am Bundstab aufschlagen, damit die Note deutlich zum klingen kommt.

Translated by Regina Kunst Harding
© 1996 by Guitar Heritage Inc.